L'Histoire de France en 100 événements pour les nuls

L'Histoire de France en 100 évènements pour les Nuls

ISBN : 978-2-412-08999-6
Dépôt légal : septembre 2023
Imprimé en France par Clerc

Conception maquette : Lise Rollot
Correction : Céline Dutt
Mise en pages : CD

Éditions First, un département d'Édi8
92, avenue de France
75013 Paris – France
Tél. : 01 44 16 09 00
Fax : 01 44 16 09 01
E-mail : firstinfo@editionsfirst.fr
Site Internet : www.pourlesnuls.fr

#lisez engagé !
www.lisez.com
Pour plus d'information :
Imprimé sur du papier issu de forêts gérées durablement.

Jean-Joseph Julaud

L'Histoire de France en 100 événements pour les nuls

FIRST
ÉDITIONS

SOMMAIRE

INTRODUCTION

De la victoire de César à Alésia jusqu'aux Trente Glorieuses, de Tolbiac en 496 à Austerlitz en 1805, de Charlemagne et son obsession des Saxons à Charles de Gaulle et son 18 juin, d'Hugues Capet en 987 à Louis XVI en 1793, des huit croisades du Moyen Âge à la décolonisation au XXᵉ siècle, de la fin des Templiers en 1314 au siècle d'or des banquiers au XIXᵉ siècle...

D'Étienne Marcel à Robespierre, de Charles VII et Jeanne d'Arc à Charles X et son émigration, en passant par Charles VIII et Anne de Bretagne, François Iᵉʳ et Marignan, Henri II et son fatal tournoi, Charles IX et la Saint-Barthélemy, Henri IV et Ravaillac, l'inévitable Louis XIV et son immense Versailles, Louis XV et les Parlements...

De Richelieu et son « État dans l'État » à l'État-providence au XXᵉ siècle, de la Constituante de 1789 à la Constitution de 1958, de la victoire de Valmy en 1792 à la bataille de Verdun en 1916, des huit guerres de Religion au XVIᵉ siècle aux deux guerres mondiales au XXᵉ siècle, des guerres de Vendée à la Commune, de Napoléon à Emmanuel Macron, de Giscard à Chirac, des Gilets jaunes au covid...D'hier à aujourd'hui, du plus lointain des temps de France jusqu'au seuil de nos lendemains, plus de deux mille ans d'événements classés par ordre chronologique vous attendent, plus de 500 dates sont proposées à votre mémoire.

Toute l'histoire de France s'offre ainsi à votre curiosité, à votre soif du passé, à votre réflexion sur tout ce qui compose notre présent, héritier de toutes les souffrances des générations dont nous sommes nés, mais aussi de tous les espoirs nourris au fil des conquêtes techniques, économiques, politiques, sociales...

Lectrice, lecteur, que ce livre soit pour vous un belvédère sur les temps passés, une table d'orientation vers les origines de votre patrimoine.

Du haut de ces conquêtes, de ces hauts faits et de ces personnages pris en exemple, vingt siècles vous contemplent !

125 av. J.-C

121 av. J.-C

César et ses Romains en Gaule

Depuis l'installation des Grecs de Phocée en 600 av. J.-C. – ainsi fut fondée Marseille –, depuis l'humiliation infligée à la ville de Rome saccagée par les Gaulois en 390 av. J.-C. – « Malheur aux vaincus ! » –, les Romains se sont dit que, pour être tranquilles, et pour faire du commerce, grignoter les territoires de leurs voisins était une bonne solution. Ainsi, en 125 av. J.-C., les voici installés à Marseille, à la demande des Phocéens, sans cesse harcelés par des tribus belliqueuses. Ils remontent ensuite la vallée du Rhône.

Les Arvernes (ancêtres des Auvergnats) tentent de les arrêter, mais sont battus en –121. Plus de soixante ans plus tard, en –58, les Helvètes, ancêtres des Suisses, décident de migrer vers l'ouest, dans la région de Saintes. Mais ils sont arrêtés en cours de route par un certain Jules César, général romain, qui les disperse à Bibracte et les renvoie chez eux. L'année suivante, César bat les Vénètes, peuple gaulois occupant l'actuelle région de Vannes. Puis il poursuit sa conquête de la Gaule en traquant Vercingétorix, chef des Gaulois, qui le repousse à Gergovie en mai –52.

Mais en juillet, César encercle Alésia où se sont réfugiés Vercingétorix et ses hommes. Les vivres manquent dans la place forte. Les femmes, enfants et vieillards en sont chassés, envoyés vers les Romains qui les massacrent. Finalement, Vercingétorix se rend à César. La Gaule, dont la romanisation était déjà en marche, se laisse peu à peu envahir par les Romains, intensifiant ainsi un commerce qui n'avait jamais cessé.

357 358

Les invasions barbares

La première fois qu'on entend parler des Francs, c'est au milieu du troisième siècle. Le futur empereur romain Aurélien bat une tribu farouche qui décline ce nom : Franc. Cela peut se traduire par hardi, intrépide. Ils résident à Mayence, le long du Rhin, et on en trouve jusqu'à la mer du Nord. Ils font quelques incursions vites repoussées en Gaule, en 260 et 275. En 357, ils s'allient aux Goths, aux Vandales, aux Burgondes et aux Alamans pour venir faire des raids dévastateurs dans tout l'est de la Gaule. En 358, la tribu des Francs saliens établis dans la région de Liège est contrainte de collaborer avec les Gallo-Romains. Elle devient une tribu fédérée aux Romains et chargée de défendre les frontières du Rhin.

Le 31 décembre 406, sur le Rhin gelé, personne ne peut arrêter les « barbares » : Vandales, suivis des Suèves, Alains, Burgondes – fondateurs de la Bourgogne ! Dans leur sillage, les Francs saliens se sentent alors irrésistiblement attirés vers la Gaule... Ils s'en approchent peu à peu. En 430, par exemple, avec Clodion le Chevelu à leur tête, ils s'emparent de Cambrai, et s'y installent.

Clodion ? Oui, le fameux Clodion, fondateur de la dynastie des Mérovingiens ! À ce moment, c'est Aetius, un Gallo-Romain, qui est chargé de représenter l'autorité de Rome en Gaule. Pour éviter tout affrontement, il juge plus sage de leur accorder le titre de fédérés. En 441, les Saliens grignotent encore un peu de terrain, les voici dans la Somme. Mais on les repousse gentiment. Encore un peu de patience, ils vont revenir...

La bataille de Tolbiac

Alors qu'en 476, le dernier empereur romain est déposé, signant ainsi pour nous la fin de l'Antiquité et le début du Moyen Âge, les Francs sont à l'œuvre avec, à leur tête, Mérovée, descendant de Clodion le Chevelu. On l'a remarqué, le 20 juin 451, lors de la bataille des Champs catalauniques (près de Châlons-en-Champagne, ou bien près de Troyes, on ne sait trop) contre le prince Attila et ses Huns, lesquels sont mis en déroute.

Auparavant, Attila voulait détruire Paris (Lutèce à l'époque). Mais une jeune fille, Geneviève, avait pris la tête de la résistance face aux Huns ! Finalement, Attila, renonçant à Lutèce, s'était rué vers Orléans. Mis en fuite, il avait été rattrapé... aux Champs catalauniques.

Mérovée a eu un fils, Childéric, roi des Francs saliens. Et ce roi devient, vers 466, le père de Clovis, roi à son tour en 481. Clovis au fabuleux destin ! En effet, dès 490, il a effectué batailles et conquêtes qui l'ont conduit jusqu'à la Loire. En 493, il a épousé Clotilde, princesse burgonde qui tente de le convaincre de se convertir au catholicisme. Mais il résiste. Jusqu'à cette bataille de Tolbiac... En effet, combattant sur la rive du Rhin les Alamans qui sont sur le point de gagner, il s'adresse directement au Dieu de Clotilde en lui promettant de se convertir s'il lui donne la victoire. Ce que Dieu (ou le hasard...) réalise ! Et, plus par calcul politique que par fidélité à la parole donnée, Clovis devient catholique. De victoire en victoire, il agrandit son royaume qui s'étend, à sa mort en 511, des Pyrénées jusqu'au-delà du Rhin !

Charles arrête les Arabes à Poitiers

En 720, les Arabes ont envahi la Septimanie – le Languedoc – et ont pris Narbonne ! L'année suivante, en 721, ils s'implantent dans la région de Toulouse. En 724, ils s'emparent de Carcassonne ; en 725, ils atteignent Autun. En 732, à Pampelune, en Espagne, ils forment une véritable armée de plusieurs dizaines de milliers d'hommes qui traversent les Pyrénées. Ils atteignent l'Aquitaine, dont le duc Eudes est vaincu. Bordeaux tombe entre leurs mains. Tout y est pillé, incendié. Ils foncent ensuite vers Poitiers, y détruisent une basilique. Ils se préparent à gagner Tours, afin d'y détruire le sanctuaire de Saint-Martin, et surtout de s'emparer du trésor qui y est gardé !

Le duc d'Aquitaine, Eudes, fait appel à Charles Martel. Voici les Francs qui avancent en colonnes denses et bien organisées, entre Tours et Poitiers, sans doute au lieu-dit aujourd'hui Moussais-la-Bataille, ou Preuilly-sur-Claise. C'est en ce lieu imprécis que stationnent les Arabes.

Charles Martel prend soin d'équiper ses soldats d'une sorte de casque composé de quatre feuilles de métal, et d'une épaisse veste de cuir. À l'aube du septième jour, le 25 octobre 732, les Arabes attaquent ; mais toutes leurs vagues d'assauts échouent. Dans la soirée, le roi ennemi, Abd-al-Rahmân, est tué. La nuit vient, les Francs se reposent. Au petit matin, ils s'apprêtent à continuer le combat, mais l'armée d'Abd-al-Rahmân a profité de la nuit pour fuir. Moins intenses, les offensives musulmanes vont cependant se poursuivre pendant plus de cinquante ans.

Charlemagne, empereur pour quatorze ans

Charles Martel était, au temps des rois mérovingiens, « maire du palais », c'est-à-dire ministre principal du roi, de sorte que, peu à peu, le roi fut dépossédé de ses pouvoirs. De cette conséquence est née la légende des « rois fainéants » qui ne furent jamais « fainéants », mais progressivement mis à l'écart de leur trône. Ainsi, le fils de Charles Martel, Pépin le Bref, devint roi à la place du dernier roi mérovingien Childéric III. Pépin le Bref fondait alors la dynastie des Carolingiens, dont le plus célèbre est Charlemagne.

Né vers 745, roi des Francs en 768, Charlemagne organise son royaume de façon remarquable. Il envoie ses compagnons – ses comtes – dans des cités où ils ne sont pas établis par avance. Il les fait surveiller par des envoyés spéciaux, les « missi dominici ». Ceux-ci sont chargés de faire appliquer les décisions prises par les grands du royaume réunis autour de Charlemagne. Ils jouent aussi le rôle de juges. Partout, dans les moindres détails, de la date des semailles au nom des pommes en passant par le contrôle des prix, Charlemagne veille, Charlemagne est là.

Pour atteindre ces objectifs, il faut beaucoup d'autorité... et de moyens. Où les trouver ? Chez les Saxons, au nord de l'Allemagne, contre lesquels il lance dix-huit campagnes guerrières ! Il s'empare de leurs richesses et de celles d'un groupe de nomades menaçant la Lombardie : les Avars.

En l'an 800, à Rome, il est couronné empereur. Lorsqu'il meurt, quatorze ans plus tard, son empire s'étend du nord de l'Espagne à Hambourg, en passant par Rome et la Bavière.

Le traité de Verdun, la naissance de la France

Louis le Pieux, le fils et successeur de Charlemagne, eut trois fils, Charles, Louis et Lothaire, qui se sont partagé l'empire de leur père et de leur grand-père. Mais aucun d'eux n'étant satisfait de son héritage, les deux aînés se sont alliés le 14 février 842 pour combattre leur frère. Afin que leurs soldats comprennent les termes de cette alliance, un « serment » est lu à Strasbourg devant les troupes, en langue tudesque (ancien allemand) et en langue romane, l'ancêtre de la langue française.

Le 15 juin 842, les trois frères se réconcilient et se partagent l'empire de façon équitable. Ce partage est connu sous le nom de « traité de Verdun », établi en août 843. En voici, en résumé, le contenu :

Lothaire conserve son titre d'empereur et les deux capitales : Aix-la-Chapelle et Rome. Son empire s'étend de la Méditerranée à la mer du Nord et représente une bande de terre de deux cents kilomètres de large en moyenne, sur deux mille kilomètres de long.

À l'est se trouve son frère Louis le Germanique. Son royaume comprend à peu près ce qui deviendra bien plus tard l'Allemagne.

À l'ouest – nous y voici... –, Charles le Chauve hérite d'un territoire qui correspond à la Gaule de Clovis, augmenté d'un peu d'Espagne du Nord. Ainsi sont dénommées les trois parties : Francia media pour Lothaire ; Francia orientalis pour Louis le Germanique ; et Francia occidentalis pour Charles le Chauve. De Francia occidentalis est né (plus tard, vers 1200) le mot : France ! Charles le Chauve est le premier roi de cette Francia occidentalis. Il a vingt ans.

Les Normands à Paris

Poussés par un considérable accroissement de leur population, les Normands multiplient les raids dévastateurs. Ces Normands, ou Vikings, se lancent dans des expéditions qui touchent d'abord les côtes, puis ils remontent fleuves et rivières, débarquent dans les petites villes, les villages, pillent, massacrent. Les monastères constituent pour eux des cibles de choix parce qu'ils n'offrent aucune résistance. En 843, ils incendient la cathédrale de Nantes.

Deux ans plus tard, ils entrent dans Paris, brûlent les églises. Les raids se succèdent au fil des ans. Le plus important a lieu en 885 : plus de sept cents drakkars stationnent en aval de Paris. Dans chacun d'eux, soixante guerriers ! Cela fait quarante-deux mille Normands qui flottent sur le fleuve ! Toute la population environnante s'est réfugiée dans la ville, derrière les remparts sur lesquels on commence à promener les reliques de sainte Geneviève. Le comte Eudes rencontre le chef normand Siegfried, qui lui demande l'autorisation de poursuivre sa route. Refus d'Eudes.

Les Normands assiègent Paris. En février 886, ils en organisent le blocus. Eudes soutient le moral des Parisiens, qui résistent vaillamment. Ils ont réussi à faire appel à l'empereur Charles le Gros, qui répond sans hâte aux appels des assiégés. Ses attaques sont toutes repoussées ; il négocie alors avec le chef des Normands, et les autorise à poursuivre leur route vers la Bourgogne, qu'ils vont totalement ravager... La dynastie carolingienne demeure affaiblie après cette piteuse réaction. Les Capétiens ne sont pas loin...

Hugues Capet élu roi de...
Paris et d'Orléans

Hugues Capet est le fils de Hugues le Grand, descendant de Charlemagne par sa grand-mère paternelle, Béatrice de Vermandois. Hugues le Grand se rend indispensable auprès du roi Charles le Simple, arrière-petit-fils de Charlemagne, puis du fils de celui-ci, Louis IV d'Outremer, au point que ce dernier s'en vexe, lève une armée contre Hugues le Grand, est vaincu, remis aux Normands, et plus tard libéré par... Hugues !

Le fils de Louis IV, Lothaire, prend sa place, accordant à Hugues le Grand le titre de duc des Francs et d'Aquitaine. À Lothaire succède Louis V le fainéant. Fainéant ? Vraiment ? Non : il n'a rien pu faire entre le 2 mars 986 et le 22 mai 987, période pendant laquelle il était roi. Il ne laisse pas de descendance, ses quatorze mois de règne se terminent par une (opportune) fatale chute de cheval sur les terres d'Hugues Capet. Et bien sûr, le chemin tracé par Hugues le Grand trouve son débouché sur la voie royale accordée à son fils Hugues Capet, couronné le 3 juillet 987.

Roi Hugues Capet, quel est son domaine ? Tout petit, son domaine royal, c'est-à-dire ce qui lui appartient et lui rapporte des revenus ! Tout petit : une vingtaine d'évêchés, des seigneuries, le tout couvre de façon discontinue le Bassin parisien ! Et pourtant, Hugues Capet est le roi de la France entière, car le roi est un personnage sacré, tout roi tient son pouvoir de Dieu, mais surtout de Rome, et il doit protéger la chrétienté ! Pour ce qui est de la perception des impôts, il n'est qu'un seigneur parmi d'autres, et ces autres sont souvent bien plus riches que lui !

Guillaume le Conquérant vainqueur à Hastings

Des centaines de bateaux à bord desquels se trouvent des milliers de chevaux et de chevaliers débarquent en Angleterre le 28 septembre 1066. Chevaliers et soldats sont bretons, flamands, français. Mais les plus nombreux sont les Normands. Ils ont à leur tête Guillaume le Bâtard. Les 7000 guerriers s'en vont combattre à Hastings Harold, qui a pris la couronne anglaise alors qu'elle avait été promise à Guillaume par Édouard le Confesseur, son oncle, qui vient de mourir.

Harold a repoussé le 25 septembre Harald de Norvège qui, lui aussi, revendique sa couronne ! Installé sur la hauteur de Senhac, près de Hastings, en ce matin du 14 octobre, Harold observe les premiers assauts des Normands. Soudain, une lance transperce le cheval de Guillaume, qui se retrouve à terre et qu'on croit mort ! Les Anglais rompent alors leurs rangs pour poursuivre les Normands.

À ce moment, Guillaume, qui est bien vivant, relève la visière de son casque. On le reconnaît. Tous ses soldats se rassemblent. Guillaume lui-même atteint le poste de commandement d'Harold qui se meurt, ayant reçu une flèche normande dans l'œil. C'est la déroute des Anglais, la victoire de Guillaume. À ce moment, l'adjectif « Bâtard » laisse la place au triomphant « Conquérant » dont Guillaume lui-même n'a jamais voulu, se considérant comme un héritier légitime, et non comme un envahisseur ou un usurpateur. Il régna sur une Angleterre d'un million d'habitants, emportant avec lui la langue (presque) française qui a donné naissance à la langue anglaise contemporaine.

27 novembre 1095 — **1096** — 1144 — 1187

Le début des croisades

Le 27 novembre 1095, le pape Urbain II lance un appel à la fin du concile de Clermont en Auvergne : il faut délivrer le tombeau du Christ à Jérusalem, tombé aux mains des musulmans. À partir de 1096, huit « croisades » se succèdent vers Jérusalem avec des objectifs commerciaux et expansionnistes. La première croisade (1096-1099), rassemblée par un moine illuminé, Pierre l'Ermite, réunit plus de cent mille pauvres gens qui vont se faire massacrer par les Turcs. La croisade des barons et jeunes nobles s'ébranle ensuite en 1098 sous les ordres de Godefroy de Bouillon. Là encore, des horreurs sont commises : les Juifs sont exterminés à Jérusalem !

La deuxième croisade (1144-1148) conduit en Terre sainte le roi Louis VII et la reine Aliénor d'Aquitaine. Les souverains se querellent tellement qu'ils se séparent au retour. La belle Aliénor va épouser en 1152 Henri II Plantagenêt et devenir ainsi, en 1154, reine d'Angleterre et de la moitié de la France en même temps, car elle a conservé ses territoires.

La troisième croisade (1187-1192) met en scène Richard Cœur de Lion, fils d'Aliénor et roi d'Angleterre, ainsi que Philippe II Auguste, roi de France. En 1204, lors de la quatrième croisade, les croisés s'emparent de Constantinople ! Désastre pour la cinquième croisade (1215-1221), qui prend Damiette en Égypte, mais doit rendre la ville après un échec devant Le Caire.

Après la sixième croisade (1223-1229), c'est le roi Louis IX, dit Saint Louis, qui conduit les septième (1239-1254) et huitième croisades (1268-1272). Ily laisse la vie.

Bouvines, la France devient adulte

De 1180 à 1123, pendant près de 43 ans, le roi Philippe II, septième roi capétien, dit Philippe Auguste, ne cesse d'agrandir son royaume. Au début des années 1200, ses ambitions ne plaisent pas à certains de ses vassaux – Renaud de Dammartin, le comte de Boulogne, et Ferrand, le comte de Flandre –, favorables à ceux qui garantissent la prospérité de leurs filatures, leurs fournisseurs de laine : les Anglais ! Elles déplaisent aussi à l'empereur germanique Otton de Brunswick, et bien sûr à Jean sans Terre, roi d'Angleterre.

Pour éliminer Philippe Auguste, le plan est simple : il s'agit de le prendre en tenailles. Jean sans Terre débarquant à La Rochelle, Otton et le reste des coalisés viendront par le nord. Et chacune des troupes s'en ira vers Paris. Cette stratégie va être mise à mal par le roi Philippe : il envoie son fils Louis (futur Louis VIII) faire barrage à Jean sans Terre, dont les troupes se dispersent près de La-Roche-aux-Moines. Puis il se hâte vers le nord afin d'affronter les troupes d'Otton.

La rencontre a lieu à Bouvines (au sud-est de Lille). Au terme de cinq heures de combats, le roi de France tient la victoire ! Le retour vers Paris est triomphal : toutes les cloches sonnent sur le passage des vainqueurs qui ramènent dans leurs bagages les deux comtes coalisés, Renaud et Ferrand. Ferrand qui permit à la liesse populaire d'ajouter un fleuron supplémentaire à la longue liste de ses phrases de circonstance : le voyant enchaîné et blessé, on lui lançait « Ferrand, tu es bien ferré » !

La mort du roi Louis IX, dit Saint Louis

Le roi Louis VIII, fils de Philippe Auguste, meurt de dysenterie en 1226, à trente-neuf ans, après trois ans de règne. Son fils Louis IX, héritier du trône, n'a que douze ans. Sa mère, la reine Blanche de Castille, petite-fille d'Aliénor d'Aquitaine, se charge de gouverner jusqu'en 1234. Cette année-là, Louis IX épouse Marguerite de Provence. Blanche de Castille laisse le pouvoir à son fils, à qui elle a fait mener deux campagnes militaires victorieuses – en Bretagne et Champagne.

Louis IX est épris de justice. Il fera publier les Grandes Ordonnances qui en précisent l'application en évitant qu'il existe une justice des riches et une justice des pauvres. Son souci du peuple lui confère dans le royaume et bien au-delà une renommée qui rejaillit positivement sur l'image de la France.

On a longtemps parlé avec envie du « siècle de Saint Louis ». De 1242 à 1248, il fait construire un reliquaire géant, la Sainte-Chapelle, afin d'y installer la couronne d'épines du Christ qu'il a achetée à prix d'or !

Comme son père Philippe Auguste, Louis IX se montre particulièrement agressif contre les Juifs, dont il fait brûler en place de Grèves, en 1242, des centaines d'exemplaires du Talmud. En 1259, il les oblige à porter une rouelle jaune – morceau d'étoffe – sur leur vêtement. De 1248 à 1254, parti pour la septième croisade, il est absent du royaume, remarquablement administré par sa mère, qui meurt en 1252. En 1270, il part pour une nouvelle croisade en Terre sainte. Elle lui est fatale : il meurt du typhus sous les murs de Tunis, le 25 août 1270.

L'arrestation des Templiers

Le 13 octobre 1307, un coup de tonnerre retentit dans toute la France : les Templiers sont arrêtés ! Philippe le Bel, onzième roi capétien direct, méditait depuis longtemps une action d'envergure contre les riches Templiers. Des ordres secrets ont été envoyés dans tout le royaume aux baillis et sénéchaux, là où les Templiers possèdent des établissements. Les Templiers constituent un ordre religieux militaire fondé en 1119 à Jérusalem par Hugues de Payns, chevalier champenois, afin de protéger les pèlerins contre les infidèles sur le chemin du Saint-Sépulcre. Les dons ont afflué, et l'ordre, présent dans tout l'Occident, s'est enrichi, ne dépendant que du pape. Les voici les banquiers de l'Europe ! Après l'effondrement du royaume franc de Jérusalem, ils sont 2000 qui s'installent en France. Dans un premier temps, Philippe le Bel voit d'un bon œil leur installation dans son royaume : il espère en devenir le Grand Maître afin d'user comme il l'entend de leurs biens. Refus du pape, qui l'excommunie ! Les Templiers sont donc arrêtés. Mais il faut trouver des charges contre eux pour justifier cet acte qui trouble la chrétienté. Le conseiller du roi, Guillaume de Nogaret, s'en charge et fait avouer à l'un d'entre eux que ses semblables commettent des sacrilèges.

Jacques de Molay, le grand maître de l'Ordre, est traduit devant un tribunal. Philippe le Bel ordonne qu'il soit mis à mort. Jacques de Molay et 37 de ses compagnons sont brûlés vifs sur un bûcher dressé sur l'île aux Juifs (square du terre-plein du Pont-neuf), le 18 mars 1314.

La bataille de Crécy

Philippe le Bel, l'ennemi juré des Templiers, eut trois fils : Louis X, Philippe V et Charles IV. Après la mort de Charles IV, aucun héritier mâle n'est vivant pour lui succéder. Le roi d'Angleterre, Edouard III, s'estime alors l'héritier légitime du trône de France, Philippe le Bel étant son grand-père maternel. Mais en France, on se rappelle que la monarchie est, à l'origine, élective, et, en 1328, on choisit pour souverain le neveu de Philippe le Bel : Philippe VI de Valois. Colère de l'Angleterre ! Et cette colère va durer plus de cent ans, de 1337 à 1453, ce qu'on appelle « la guerre de Cent Ans », qui dure donc 116 ans !

Cette guerre, c'est aussi celle des intérêts commerciaux avec la Flandre, où les Anglais vendent de la laine, avec l'Aquitaine, où ils produisent du vin, sans oublier la Bretagne, où ils sont implantés. Après la bataille navale de l'Écluse aux Pays-Bas, où la flotte française est détruite, la première bataille terrestre a lieu le 26 août 1346 à Crécy (Crécy-en-Ponthieu, dans la Somme).

Cinquante mille Français vont affronter vingt mille Anglais. Issue de la bataille où les chevaliers et arbalétriers de Philippe VI se sont élancés dans le plus grand désordre contre les archers d'Edouard III : les Anglais sont vainqueurs ! Cette victoire permet à Edouard de faire le siège de Calais, dont les clés lui sont remises le 4 août 1347 par 6 bourgeois de la ville : les fameux « Bourgeois de Calais », conduits par Eustache de Saint-Pierre – immortalisés par Auguste Rodin en 1895 !

La peste noire

De la fièvre très élevée, des bubons douloureux, des hémorragies sous la peau... Voilà les symptômes que ressentent, en 1347, les guerriers tatars qui assiègent un port de Crimée, Théodosie (Caffa). Et ils meurent au bout de trois ou quatre jours ! Les marchands italiens de la ville assiégée parviennent à s'enfuir, mais le terrible fléau est dans leurs navires : les rats infectés porteurs de puces qui transmettent le bacille à l'humain. Et ces navires accostent à Marseille début novembre 1347. Voici la peste à Paris en août 1348, arrivant aussi d'autres grands ports, tel Rouen. Puis c'est l'Île-de-France, la Champagne, la Picardie, la Normandie, la Bretagne, le Nord. La peste gagne toute l'Europe.

La France devient le pays d'une sorte d'apocalypse où l'inimaginable s'installe dans le quotidien. Toutes les couches sociales sont atteintes par le fléau. Les habitants des villes se barricadent chez eux, ne laissant qu'une petite ouverture pour qu'on les ravitaille. Des charrettes précédées de clochettes transportent des monceaux de cadavres dans des fosses où on les recouvre de chaux vive. Beaucoup de citadins fuient dans une campagne dont les villages sont dépeuplés par la maladie ou déserts ; ils transportent avec eux le bacille mortel dans les bourgades encore épargnées. Au début de l'épidémie, l'Europe compte 75 millions d'habitants. Ils ne seront plus que 50 millions en 1351. La France, elle, a perdu le tiers de sa population, passant de 17 millions à 10 millions d'habitants.

La bataille de Poitiers

Jean le Bon, fils de Philippe VI de Valois, devient roi de France à la mort de son père en 1350. « Le Bon » signifie le hardi, l'intrépide. Edouard III a-t-il abandonné son projet de monter sur le trône de France ? Pas du tout : en 1355, il charge son fils aîné, Edouard de Woodstock – le Prince Noir –, de multiplier les chevauchées meurtrières dans les campagnes jusqu'en Languedoc en partant de Bordeaux, possession anglaise. Jean le Bon décide d'en finir avec cette troupe qui terrorise les populations. Il se porte à la rencontre des Anglais dévastateurs. Les deux armées arrivent face à face le 18 septembre 1356.

Le lendemain s'engage la bataille sur le site de Maupertuis, à dix kilomètres au sud de Poitiers. 20 000 Français vont affronter 10 000 Anglais et Gascons. Crécy n'a servi à rien. Il ne vient pas à l'idée de Jean le Bon d'organiser la bataille. Seule, dans son esprit, compte la règle chevaleresque : bravoure, actes héroïques et personnels. Les Anglais l'isolent et l'entourent.

Malgré les mises en garde de son fils Philippe le Hardi (futur duc de Bourgogne et père de Jean sans Peur), « Père, gardez-vous à droite, père, gardez-vous à gauche ! », il est fait prisonnier, conduit à Londres, libéré en 1360 contre une énorme rançon. En cours de route, il s'arrêta à Compiègne où, le 5 décembre 1360, il fait rédiger trois ordonnances royales qui constituent l'acte de naissance de la nouvelle monnaie du royaume : le franc d'or (3,88 g d'or fin). Pourquoi ce mot « franc » ? Parce que le roi était « franc » des Anglais, c'est-à-dire libre.

La mort de Charles V

Lorsque son père est fait prisonnier par les Anglais, le dauphin Charles, futur Charles V, n'a que 18 ans. Étienne Marcel, le prévôt des marchands, profite de la jeunesse de ce dauphin pour tenter d'instaurer une monarchie contrôlée par la bourgeoisie, qui s'est considérablement enrichie.

Charles supporte des émeutes, dont la plus sanglante a lieu le 22 février 1358, lorsque sous ses yeux sont assassinés, sur ordre d'Étienne Marcel, deux de ses maréchaux en son palais de la Cité. Cinq mois plus tard, Étienne Marcel est à son tour assassiné. En 1360, Charles V doit signer un traité avec les Anglais obligeant la France à payer une énorme rançon et à céder à l'Angleterre le sud-ouest du royaume. À la mort de son père en 1364, il s'emploie à organiser l'armée, reconquiert les provinces soumises aux Anglais à l'aide de son phénoménal « bras droit » : Bertrand du Guesclin ! Celui-ci parvient à maîtriser les bandes de soldats devenus brigands pillards. Il les conduit jusqu'en Espagne.

L'autorité royale se renforce peu à peu, la situation financière s'assainit grâce à la stabilité du tout nouveau « franc ». Charles V fait construire une enceinte qui remplace sur la rive droite celle de Philippe Auguste. Paris s'embellit et s'enrichit de constructions élégantes, et devient une capitale culturelle : le roi est amateur de musique, de littérature. Sa « librairie royale », comptant des centaines d'ouvrages, est l'ancêtre de la Bibliothèque nationale de France, la BnF. Il meurt de tuberculose le 16 septembre 1380, à 42 ans.

La bataille d'Azincourt

Le 23 novembre 1407, Louis d'Orléans, frère du roi fou Charles VI, est assassiné sur ordre de son cousin, Jean sans Peur. Une violente guerre civile s'ensuit, de 1407 à 1435, opposant les Armagnacs, qui veulent venger l'assassiné, et les Bourguignons, partisans de l'assassin et de la présence anglaise en France. En août 1414, le roi d'Angleterre Henri V, profitant de la confusion qui règne à Paris, demande à Charles VI de devenir roi à sa place ! Pourtant, Henri V n'a aucun droit sur le royaume de France ; certes, il descend des Plantagenêts, mais il fait partie de la nouvelle dynastie des Lancastre, qui s'est installée sur le trône d'Angleterre par la force.

Des tentatives de conciliation échouent. En juillet 1415, les troupes anglaises débarquent en Normandie, mais, malades, se dirigent vers Calais. Le 24 octobre 1415, leur marche est interrompue à Azincourt. Les Français alignent plus de 20 000 combattants, les Anglais moins de 10 000. La bataille s'engage le 25 octobre à midi. Les chevaliers français, qui cherchent l'exploit personnel, s'élancent vers les lignes anglaises, dont les milliers d'archers, redoutablement efficaces, transpercent hommes et chevaux.

C'est bientôt le sauve-qui-peut du côté français. Henri V, vainqueur, décide d'exécuter les 1700 prisonniers que son armée a réunis, ce qui est fait sur le champ par deux cents archers. Ainsi disparaissent les têtes de grandes familles du clan des Armagnacs, la plupart des Bourguignons s'étant abstenus de participer à la bataille.

Jeanne d'Arc brûlée vive à Rouen

La lutte entre les Armagnacs, qui veulent venger la mort de Louis d'Orléans, frère du roi fou Charles VI, et les Bourguignons de Jean sans Peur l'assassin, favorables aux Anglais, se poursuit. Le 31 juillet 1423, les partisans de Charles VII sont battus par les Anglais et les Bourguignons à Cravant (Yonne). En 1428, les Anglais et les Bourguignons commencent le siège d'Orléans.

Depuis des mois, une rumeur circule : une jeune fille doit sauver le royaume. Le 8 mars 1429, Jeanne d'Arc, 17 ans, née à Domrémy, dans le duché de Bar (actuellement en Lorraine), entend des voix dans son village. Ces « voix » lui enjoignent de délivrer le royaume de la présence anglaise, et de faire sacrer Charles VII à Reims. Elle se rend à Chinon accompagnée d'une petite escorte et identifie le roi sans jamais l'avoir vu. Galvanisant le courage des soldats, elle les conduit à Orléans, qui est délivrée du siège anglais le 8 mai.

Plusieurs autres victoires sur les Anglais ouvrent à Charles VII la route de Reims, où il est enfin sacré roi de France le 17 juillet 1429 – son père, le roi fou, est mort en 1422. Le 24 mai 1430, Jeanne, qui a poursuivi son combat contre les Anglais, est capturée par les Bourguignons, qui assiègent la ville de Compiègne. Charles VII pourrait intervenir, mais il ne le fait pas, préférant la négociation à l'affrontement armé. À partir du 21 février 1431, le procès de Jeanne d'Arc se déroule à Rouen. Elle est condamnée au bûcher et brûlée vive sur la place du marché, le 30 mai.

Charles VII chasse les Anglais

Jeanne d'Arc voulait « bouter les Anglais hors de France ». Charles VII s'y emploie jusqu'à ce que le dernier soit dehors... Son grand argentier, Jacques Cœur, lui a permis d'entreprendre la reconquête de la Normandie. C'est en ce temps-là que se déroule la bataille de Formigny (près de Bayeux), le 15 avril 1450. La cavalerie française se prépare à affronter les Anglais. Les 4000 Français envoient d'abord une pluie de boulets sur les lignes anglaises.

L'Anglais Kyriel lance alors ses 7000 soldats dans un combat qu'il perd, y laissant la vie.

Reste l'Aquitaine à reprendre aux Anglais. Leurs troupes bénéficient de renforts commandés par Talbot – 70 ans – que Jeanne d'Arc vainquit à Orléans ! Le 17 juillet 1453 à Castillon-la-Bataille, près de Libourne, la bataille déterminante va avoir lieu. Les premiers détachements français entourent la ville occupée par les Anglais. Ceux-ci décident d'attaquer immédiatement avant que le reste des troupes soit arrivé. C'est la surprise chez les Français, qui utilisent alors une ruse : ils lâchent leurs chevaux afin de faire croire qu'ils fuient. Talbot, tout heureux, fonce sur les lignes françaises où, croit-il, ne demeurent que quelques centaines de soldats. Mais soudain, des boulets par dizaines fauchent les lignes anglaises, tuent Talbot et son fils. Puis des détachements bretons, embusqués sur les hauteurs de Castillon, prennent l'ennemi à revers. C'en est fait des Anglais en Guyenne ! Bordeaux se rend trois mois plus tard. La guerre de Cent Ans est ter-mi-née !

La mort de Charles le Téméraire

Louis XI et Charles le Téméraire s'affrontent pendant près de 16 ans, de 1461 à 1477.

Charles VII, qui meurt en 1461, déteste son fils Louis XI, qui lui succède. Celui-ci avait été recueilli par son oncle Philippe le Bon, duc de Bourgogne, qui espérait une reconnaissance de la part de son neveu. Mais, devenu roi, Louis XI se montre ingrat et, sans préavis, récupère les villes de la Somme qui devaient revenir à Charles le Téméraire, fils de Philippe le Bon ! La rupture est consommée entre Louis et Charles. Celui-ci n'a qu'une idée : s'emparer du trône royal. L'affrontement est inévitable. Une bataille meurtrière se déroule à Montlhéry, le 16 juillet 1465, entre les troupes de Louis et celles de Charles. La victoire est indécise.

Après la mort de son père Philippe le Bon, en 1467, Charles le Téméraire devient duc d'une Bourgogne au faîte de sa puissance. Pour le Téméraire, le rêve serait une Bourgogne indépendante du Saint-Empire romain germanique, agrandie de possessions françaises, une Bourgogne dont il serait nommé roi ! Mais il est abandonné par Edouard IV d'Angleterre, que Louis XI a conduit à signer un traité de paix.

Le 5 janvier 1477, le Téméraire est tué devant Nancy. La Bourgogne s'ajoute à la France de Louis XI, habile politique, unificateur du royaume, qui y a installé une administration et une justice efficaces, ranimé les foires, supprimé les péages intérieurs, fait construire des routes, agrandir des ports. Il meurt le 25 août 1483, dans sa forteresse de Plessis-lez-Tours.

26 juillet 1488 20 août 1488 6 décembre 1491

Charles VIII épouse Anne de Bretagne

La Bretagne de François II devient un objectif de conquête pour les armées de Charles VIII, qui a succédé à son père Louis XI. Au printemps 1487, ses troupes pillent Ploërmel, s'emparent de Vannes et vont mettre le siège devant Nantes. Échec : Nantes résiste. Charles VIII en abandonne le siège. Peu après, il regagne Paris avec ses troupes. Son équipée a fortement déplu aux Bretons, qui reprennent Vannes le 9 mars 1488. Charles VIII envoie contre eux douze mille hommes commandés par son lieutenant général La Trémoille. Celui-ci s'empare ainsi d'Ancenis, de Châteaubriant et de Fougères en avril.

Le 26 juillet 1488, à Saint-Aubin-du-Cormier, l'armée bretonne est défaite par celle de Charles VIII. Le 20 août, Charles VIII et le duc François II signent le traité du Verger, près de Sablé, qui interdit à Anne de prendre un époux sans le consentement du roi de France. Et le roi de France, c'est lui, Charles VIII ! Le 6 décembre 1491, Charles épouse Anne à Langeais.

En 1494, il réunit une armée, et la première des guerres d'Italie va commencer. Il entre triomphalement à Pavie, puis à Florence. L'entrée à Naples en 1495 s'effectue dans la liesse : l'arrivée des Français signe la fin de la dictature des Aragonais. Mais, face aux excès français, le vent tourne : Charles VIII et ses troupes sont chassés. Au retour, à Fornoue, le 6 juillet 1495, à 10 000 contre 20 000, ils signent une furieuse victoire restée dans la légende : la « furia francese ». Charles VIII, qui a importé le luxe à l'italienne, meurt subitement le 7 avril 1498, à 27 ans.

1er janvier 1515 — 14 septembre 1515

La bataille de Marignan

Le roi Louis XII, qui a succédé à Charles VIII à la tête du royaume de France et dans le cœur d'Anne de Bretagne, s'éteint le 1er janvier 1515. Surnommé « le Père du peuple », car il a diminué les impôts, il laisse vides les caisses du royaume. Son successeur François Ier – petit-fils de Louis d'Orléans, assassiné en 1407 – n'a plus qu'une idée : trouver de l'argent, et vite, en reconquérant le royaume de Naples et le duché de Milan acquis puis perdu par son cousin Louis XII.

Entre le 13 et le 15 août 1515, les Français, François Ier à leur tête, franchissent les Alpes. Un mois plus tard, les quarante mille combattants français font face aux troupes milanaises près de Marignan, ou plutôt les troupes suisses, car le pape a fait appel à eux.

L'affrontement commence le 13 septembre 1515, vers quinze heures Interrompus le soir, les combats reprennent dès quatre heures du matin le 14 septembre. Dans l'après-midi, les Suisses fuient en désordre sous les boulets de canon ; la cavalerie les rattrape et transforme bientôt les fiers Helvètes en petits Suisses vaincus. On dénombre plus de quinze mille morts après ces deux jours de carnage au terme desquels Bayard arme (aurait armé) chevalier son souverain.

La victoire de Marignan transforme en héros le roi François Ier. Le 13 octobre, il signe avec le pape Léon X un traité qui reconnaît l'autorité du roi de France sur le duché de Milan. Une paix perpétuelle avec les cantons suisses est signée à Fribourg le 29 novembre 1516.

28 juin 1519

Le camp du Drap d'Or

Le 28 juin 1519, Charles Quint, 20 ans, « roi des Espagnes », est élu empereur du Saint-Empire romain germanique, autrement dit de l'empire allemand et de ses possessions. Ce titre était convoité par François Ier, son cousin. Celui-ci, mortifié par sa mise à l'écart du Saint-Empire, cherche à faire alliance avec son autre cousin, le roi d'Angleterre Henri VIII, afin de contrer la supériorité déjà conquérante de Charles Quint. Et pour ce faire, pense François Ier, il suffit d'offrir à Henri VIII une réception d'un tel faste qu'il ne pourra pas refuser les offres d'alliances contre Charles ! Ainsi est décidée l'entrevue du camp du Drap d'Or.

Elle se déroule dans ce qui est aujourd'hui le département du Pas-de-Calais, entre les châteaux d'Ardres et de Guînes. Ardres est une possession française. Guînes est anglaise. Entre ces deux fiefs s'étend une plaine dans laquelle François Ier fait construire un ensemble de tentes qui, d'après le chroniqueur Fleuranges, « étaient les plus belles tentes qui furent ». Du 7 au 24 juin 1520, les fêtes se succèdent sans discontinuer, dans un luxe inouï. Les deux rois multiplient les marques d'amitié, de fraternité.

Mais, quelque temps après le camp du Drap d'Or, Charles Quint rend visite à Henri VIII et se garantit son alliance. Le camp du Drap d'Or ne servit donc à rien. Henri VIII et Charles Quint signèrent un traité qui isolait leur cousin François Ier, le roi de France. Et la postérité donna à cette entreprise démesurée le nom de « camp des vanités ».

L'ordonnance de Villers-Cotterêts

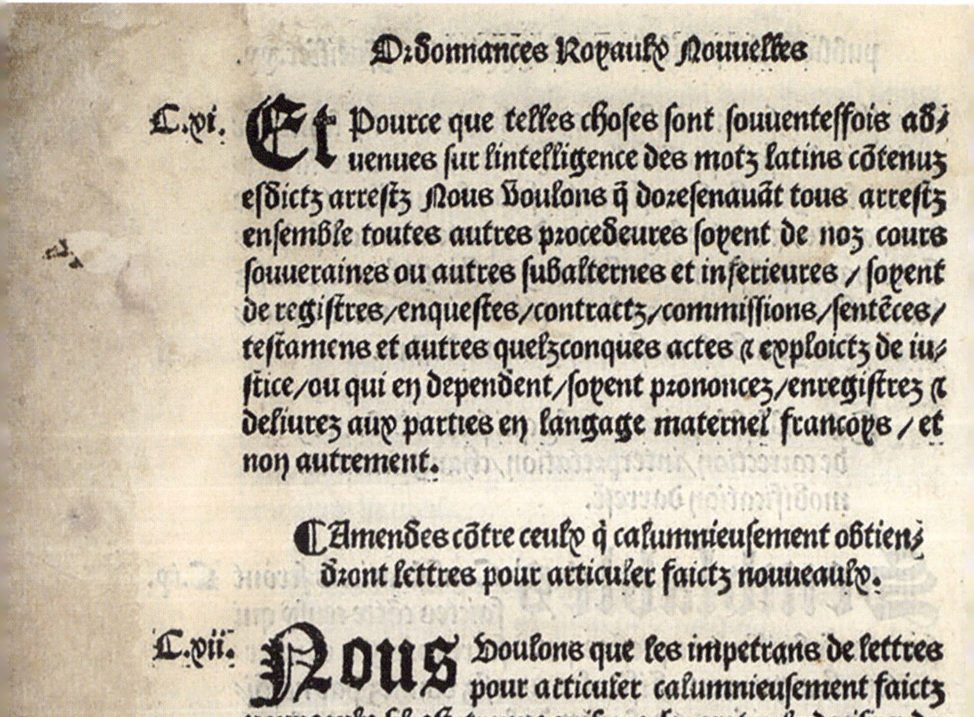

Ordonnances Royaulx Nouuelles

C.xi. Et pource que telles choses sont souuentesfois ad-
uenues sur lintelligence des motz latins cõtenuz
esdictz arrestz Nous voulons q̃ dorezenauãt tous arrestz
ensemble toutes autres procedeures soyent de noz cours
souueraines ou autres subalternes et inferieures / soyent
de registres/enquestes/contractz/commissions/sentẽces/
testamens et autres quelzconques actes & exploictz de iu-
stice/ou qui en dependent/soyent prononcez/enregistrez &
deliurez aux parties en langage maternel francoys / et
non autrement.

Amendes cõtre ceulx q̃ calumnieusement obtien-
dront lettres pour articuler faictz nouueaulx.

C.xii. Nous voulons que les impetrans de lettres
pour articuler calumnieusement faictz
nouueaulx sil est trouue quilz ne seruent a la decision du

Au début du XVIe siècle, la langue française est bien faible encore par rapport au latin. François Ier décide de la soigner pour unifier son royaume. Il lui prépare une ordonnance...

Le 10 août 1539, il signe à Villers-Cotterêts une ordonnance de 192 articles que le Parlement enregistre le 6 septembre de la même année. Elle comporte deux articles d'une importance capitale pour la langue française : celle-ci devient la langue du pouvoir royal, de l'administration, de la politique et de la littérature, doublant de façon définitive le latin, qui lestait toute démarche orale et écrite de son appareil complexe dont la maîtrise échappait à beaucoup. De plus, cette langue désormais nationale va servir à enregistrer, selon la volonté du roi, les baptêmes – plus tard, sous Henri III, à Blois en 1579, d'autres ordonnances imposeront l'enregistrement des décès et des mariages. Ainsi naît l'état civil !

Le français dont il est question dans l'ordonnance de Villers-Cotterêts est la langue d'oïl, mais c'est surtout la langue de l'Île-de-France et des bords de la Loire. Autrement dit la langue du pouvoir. Elle va s'imposer peu à peu à tout le royaume. Quatre piliers de la littérature du XVIe siècle vont devenir les serviteurs zélés de la langue française nouvellement promue idiome national : les poètes Du Bellay (1522-1560) et Ronsard (1524-1585), François Rabelais (1483-1553), inventeur de centaines de mots que nous utilisons aujourd'hui, et Montaigne (1533-1592), qui offre aux lecteurs ses *Essais* dans un français enrichi et précis.

Le dernier tournoi d'Henri II

À François Ier, jovial, bon vivant, succède son fils Henri II, plutôt sombre et taciturne. Il faut dire que sa captivité en Espagne, de 7 à 11 ans (de 1526 à 1530), ne fut pas un gage d'épanouissement précoce. Otage en échange de son père François Ier capturé à Pavie en Italie, le 24 février 1525, et prisonnier de Charles Quint, Henri sera toujours marqué par ce traumatisme qu'apaisera cependant sa relation avec Diane de Poitiers, de vingt ans son aînée, et qui devient sa maîtresse en 1538 ; il a alors 19 ans et déjà cinq ans de mariage avec Catherine de Médicis, la nièce du pape, qui lui donnera trois futurs rois : François II, Charles IX, Henri III, et la reine Margot, épouse d'Henri IV.

Henri II poursuit la politique de son père en luttant contre l'Espagne de Charles Quint, qui abdique en 1555, puis contre celle de Philippe II. En 1559, le traité de Cateau-Cambrésis est signé avec l'Angleterre et l'Espagne : la France renonce à la plupart de ses conquêtes et à ses prétentions sur l'Italie – en revanche, elle conserve Calais, Metz, Toul et Verdun.

Les guerres d'Italie sont terminées. Henri II, le fervent catholique, a les mains et l'esprit libres pour s'attaquer aux protestants, qui l'effraient. Mais, le jeudi 30 juin 1559, à la fin du dernier engagement d'un tournoi organisé pour fêter la paix, au niveau de l'actuel n° 62 de la rue Saint-Antoine à Paris, la lance de l'adversaire du roi lui entre dans l'œil, jusqu'à l'oreille. Henri II meurt dans d'atroces souffrances dix jours plus tard.

1er mars 1562 19 mars 1563

Le massacre de la Saint-Barthélemy

Depuis que le moine allemand Martin Luther (1483-1546) a mis en doute l'Église de Rome et assuré que seule la Bible doit guider les chrétiens, le monde occidental s'est divisé en deux partis irréconciliables : les « protestants », autrement nommés parpaillots ou huguenots, et les catholiques fidèles à Rome, les « papistes ».

François Ier et Henri II tentent d'étouffer le protestantisme, Catherine de Médicis œuvre pour la paix entre les deux partis. Mais le 1er mars 1562, à Wassy (en Haute-Marne), les catholiques tuent une centaine de protestants qui pratiquaient leur culte.

Le 19 mars 1563, la paix d'Amboise est signée entre les catholiques et les protestants.

Le 24 mai 1568, le chancelier Michel de l'Hospital, qui mettait en œuvre une politique de conciliation entre catholiques et protestants, est disgracié.

Malgré les efforts de Catherine de Médicis, huit guerres de religion vont se succéder jusqu'en 1598, avec pour point d'orgue de l'horreur le massacre de la Saint-Barthélemy : le 24 août 1572. Une semaine auparavant, Henri de Navarre, protestant, futur Henri IV, a épousé Marguerite de Valois (la reine Margot). Mais l'amiral de Coligny, chef des protestants, est visé par un attentat le 22 août. Deux jours plus tard, le 24 août, le massacre des chefs protestants dégénère en tuerie généralisée. Les catholiques font plus de vingt mille victimes à Paris et dans quelques grandes villes de France. Hanté par ce carnage, le roi Charles IX expire le 30 mai. Son frère, Henri d'Anjou, lui succède sous le nom d'Henri III.

20 octobre 1587

9 mai 1588

Le moine Jacques Clément assassine Henri III

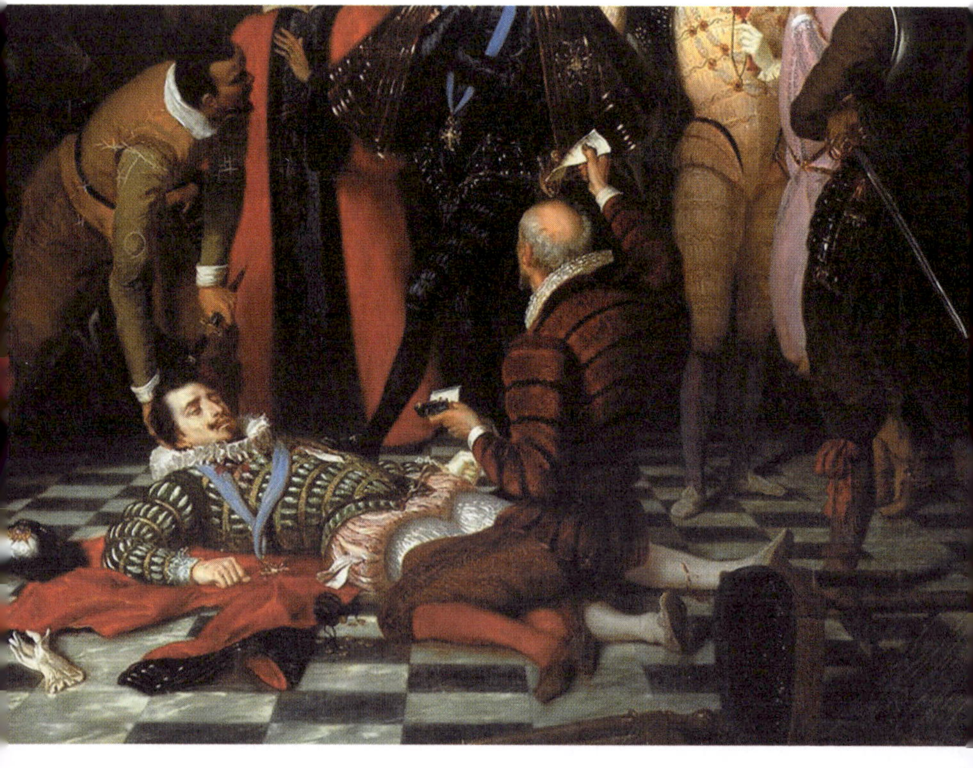

La lutte entre catholiques et protestants se poursuit. Financée par l'Espagne, la famille des Guise, à la tête du parti catholique, affronte Henri de Navarre, le futur Henri IV, et ses partisans, soutenus par l'Angleterre. Le 20 octobre 1587, les troupes royales sont écrasées par celles des protestants à Coutras (en Gironde). Mais, à Paris, le clergé catholique enflamme les foules et prépare ainsi l'entrée triomphale d'Henri de Guise dans la capitale le 9 mai 1588.

Le roi Henri III craint que son pouvoir lui échappe. Il masse des troupes dans la capitale. Le peuple décide alors de se protéger en disposant dans les rues des barriques reliées par des chaînes. Ainsi naissent les premières « barricades ». Henri de Guise, sûr de lui, sent que le trône est à sa portée. Il se rend sans méfiance, le 23 décembre 1588, au château de Blois, où il doit participer à un conseil royal. Averti en secret qu'un complot est organisé contre sa personne, il répond : « Ils n'oseraient pas ! » Ils osent : Henri de Guise est assassiné.

Henri III vient voir son rival étendu. La chronique du temps lui attribue cette phrase : « Il est encore plus grand mort que vivant ! » Épuisée par ses efforts incessants pour ramener la paix, Catherine de Médicis meurt le 5 janvier 1589, juste à temps pour être épargnée par un terrible chagrin qui aurait, quelques mois plus tard, le 1er août 1589, transpercé son cœur de mère : l'assassinat de son fils Henri III par un fanatique catholique, le moine Jacques Clément.

25 juillet 1593 — 25 février 1594

La signature de l'édit de Nantes

Henri IV se convertit au catholicisme le 25 juillet 1593 dans l'église de l'abbaye de Saint-Denis, où le reçoit l'archevêque de Bourges. Le 25 février 1594, il est sacré roi dans la cathédrale de Chartres. Le 22 mars 1594, Henri et sa suite empruntent donc prudemment la Porte Neuve. Les clés de la ville leur sont remises. Bientôt, les Parisiens, qui sont las des excès des catholiques, font un triomphe à leur nouveau roi !

Cependant, l'Espagne n'est toujours pas convaincue par la bonne foi et le bon droit du nouveau roi de France. Il faut qu'Henri IV batte les troupes espagnoles et celles des ligueurs à Fontaine-Française le 5 juin 1595, et en plusieurs autres places, avant qu'en mai 1598 soit signé avec l'Espagne le traité de Vervins, qui rétablit les clauses du traité de Cateau-Cambrésis.

Un mois auparavant, le 13 avril, Henri IV avait signé l'édit de Nantes – ville où il avait reçu un accueil triomphal.

Cet édit accordait aux protestants un véritable statut. Henri peut enfin se sentir maître en son royaume. Voici l'essentiel des 92 articles de cet édit : la liberté de conscience est étendue dans tout le royaume, sauf à Paris et dans une grande partie de la Bretagne ; les protestants ne seront pas privés de leurs droits civils ; cent cinquante lieux de refuge leur sont accordés, dont cinquante et une places de sûreté ; ces places de sûreté pourront être défendues par une armée potentielle de 30 000 soldats ; une dotation de 45 000 écus est prévue pour le traitement des pasteurs protestants.

Henri IV est assassiné par Ravaillac

Dès qu'Henri IV devient roi de France, Sully est placé aux finances. Son but : remettre la France debout et faire entrer l'argent dans les caisses du royaume. Son credo ? L'agriculture ! Il résume ses convictions dans une formule célèbre : « Labourage et pâturage sont les deux mamelles de la France, ses vraies mines et trésors du Pérou. » Il fait rénover les voies de communication. Le creusement du canal de Briare est entrepris.

De son côté, Barthélemy de Laffemas se met à écrire des traités d'économie. Pour lui, il faut produire en France, exporter le plus possible, importer le moins possible, attirer l'or, l'argent des pays étrangers. Des manufactures sont créées, subventionnées, contrôlées dans leur fabrication de dentelles, de cuirs, de tapis, de verreries, etc.

Les voyages de Champlain vers le Canada sont encouragés. La France se redresse, devient prospère. Tout irait pour le mieux dans la meilleure des France, mais les Pays-Bas, rattachés à l'Espagne en 1556, n'abriteraient-ils pas des complots contre la France ? C'est à partir de cette hypothèse qu'Henri IV prévoit pour le 16 mai 1610 son entrée en guerre contre ces provinces. C'est peut-être aussi pour ramener en France son dernier amour, Charlotte de Montmorency, 16 ans, qu'il avait mariée à un Condé, parti là-bas avec la belle. Mais le 14 mai, rue de la Ferronnerie à Paris, François Ravaillac assassine le roi. Couronnée reine la veille, Marie de Médicis devient régente en attendant la majorité de son fils Louis XIII, 9 ans.

21 novembre 1615 24 avril 1617

La capitulation de La Rochelle

Quatorze ans commencés : tel est l'âge de la majorité pour un roi de France. À quatorze ans, donc, le jeune Louis XIII épouse, à Bordeaux, le 21 novembre 1615, Anne d'Autriche, infante d'Espagne. Mais le couple royal ne dispose d'aucun pouvoir. En effet, Marie de Médicis s'est adjoint les services de sa coiffeuse Léonora Dori et d'un aventurier italien, Concino Concini, pour gouverner le royaume, ce qui met en colère le jeune Louis XIII.

Le 24 avril 1617, Concini franchit le pont de l'entrée du Louvre. Cinq coups de feu retentissent. Concini meurt sur le coup. Léonora Dori, sa femme, appelée la « Galigaï », est décapitée le 8 juillet.

Le jeune roi s'impose avec difficultés jusqu'à ce que, le 13 août 1624, Richelieu devienne chef du conseil royal. Il veut restaurer l'autorité du roi, affirmer la force de l'État, et faire de la France le pays le plus puissant et le plus respecté en Europe. Pour commencer, il faut réduire l'importance prise à l'intérieur du royaume par les protestants, qui constituent, selon Richelieu, un « État dans l'État ».

La place forte de La Rochelle étant soutenue par les Anglais, Richelieu décide d'en faire le siège, qui commence le 10 septembre 1627. Le 28 octobre 1628, la ville capitule. Sur 28000 habitants, il n'y a que 5500 survivants. Le 28 juin 1629 est signée la paix d'Alès : la liberté de culte demeure octroyée aux protestants. Mais les places fortes qui leur avaient été accordées par l'édit de Nantes sont démantelées, leurs fortifications sont rasées.

La victoire de Rocroi

Du 23 mai 1618 au 15 mai 1648, l'Europe subit une série de conflits connus sous le nom de guerre de Trente Ans. Cette guerre oppose la maison souveraine des Habsbourg d'Autriche, qui voudrait étendre à toute l'Europe la religion catholique, et les États allemands protestants auxquels sont alliés, entre autres pays à majorité protestante, les pays scandinaves. La France catholique, qui lutte contre les protestants à l'intérieur de ses frontières, soutient cependant... le camp protestant, car elle veut limiter l'influence des Habsbourg en Europe.

C'est dans ce contexte paradoxal que se situe la bataille de Rocroi, le 19 mai 1643. Les Espagnols ont décidé de pénétrer en France par les Ardennes. Leur décision a été précipitée par la mort de Richelieu, le 4 décembre 1642, et par celle du roi Louis XIII, le 14 mai 1643.

Le meilleur de l'armée espagnole va se heurter au commandement d'un jeune homme de vingt-deux ans, Louis II de Condé, duc d'Enghien, qu'on appellera plus tard le Grand Condé, fils de Charlotte de Montmorency, qui fut le dernier amour d'Henri IV. Face au mur des combattants espagnols, les terribles *tercios*, Condé a élaboré une stratégie qui lui donne la victoire éclatante !

La guerre de Trente Ans va se poursuivre par la défaite française de Tuttlingen, en Allemagne, par les victoires de Condé et Turenne à Fribourg en 1644, à Nordlingen en 1645. Des négociations de paix vont s'ouvrir, qui se termineront par le traité de Westphalie le 24 octobre 1648, mettant fin à la guerre de Trente Ans.

La Fronde

Depuis 1648, la révolte gronde contre le pouvoir conjoint de Mazarin et Anne d'Autriche. Cette révolte qu'on appelle la Fronde a d'abord été conduite par le Parlement de Paris, qui n'accepte pas les augmentations d'impôts décidées par Mazarin. Un ensemble de 27 articles est présenté à Anne d'Autriche, dont le plus important précise que toute création d'impôt devra être approuvée par le Parlement.

D'abord signé, cet ensemble est menacé par l'arrestation des frondeurs, décidée par la reine. Erreur : elle est contrainte d'entériner les 27 articles le 22 octobre 1648. Le Parlement a donc gagné.

Pourquoi les Princes ne tenteraient-ils pas leur chance à leur tour ? C'est ce qu'ils font, espérant accroître leurs privilèges. Après des tentatives de conciliation, la reine et Mazarin choisissent de fuir ! Dans la nuit du 5 au 6 janvier 1649, vers deux heures, Anne d'Autriche et ses deux enfants – Louis XIV et son frère Philippe, duc d'Anjou –, Gaston d'Orléans et Mazarin quittent Paris pour Saint-Germain dans une grande précarité. Le 11 mars 1649, la paix est signée à Rueil. Les princes en tirent de grands avantages.

En février 1651, apprenant que Mazarin a quitté la capitale, les frondeurs vont jusqu'à séquestrer la reine au Louvre et pénétrer de force dans la chambre du petit roi terrifié qui, devenu plus tard le grand Louis XIV, n'oubliera pas cet affront ! Le mouvement de révolte se termine en 1652 par l'entrée triomphale du roi et de la cour à Paris (on considère aussi qu'elle se termine en 1653, avec le retour de Mazarin)

L'arrestation de Nicolas Fouquet

Le 9 juin 1660, à Saint-Jean-de-Luz, Louis XIV, roi de France, épouse Marie-Thérèse d'Autriche, fille du roi d'Espagne. Ils ont le même grand-père : Henri IV. Ce mariage politique fait suite au traité des Pyrénées signé le 7 novembre 1659. Le 9 mars 1661, Mazarin meurt.

Le 10 mars commence le pouvoir personnel de Louis XIV. Qui donc va-t-il nommer pour succéder à Mazarin ? Nicolas Fouquet, qui a bâti une grande partie de la fortune du cardinal et s'est enrichi au passage, pense qu'il va être choisi. Le 17 août, il donne une fête somptueuse dans son château de Vaux-le-Vicomte en l'honneur du souverain. Cruelle déconvenue : le 5 septembre 1661, au cours d'un déplacement royal, il est arrêté par d'Artagnan devant la cathédrale de Nantes ! Jean-Baptiste Colbert, qui a tout fait pour que Fouquet soit mis en prison, est nommé surintendant des finances par Louis XIV. Progressivement, il va cumuler tous les ministères sauf celui de la guerre.

L'objectif de Colbert est d'enrichir la France en exportant beaucoup et en important peu afin de faire entrer dans le royaume l'or des pays étrangers. Laffemas, le ministre d'Henri IV, avait en son temps la même idée, connue sous le nom de « mercantilisme ». Il faut donc recruter à prix d'or les meilleurs spécialistes à l'étranger afin de créer en France des produits destinés au commerce intérieur ou à l'exportation. Cette industrialisation du royaume de France s'accompagne de la création de manufactures (textiles, verreries, glaces et miroirs...).

La révocation de l'édit de Nantes

En 1598, Henri IV avait signé l'édit de Nantes permettant aux catholiques et protestants de cohabiter. Son fils Louis XIII, sur le conseil de Richelieu, l'avait réduit en 1628 après le siège de La Rochelle. Son petit-fils Louis XIV va commettre la plus énorme erreur de son règne...

L'obsession de Louis XIV, c'est de donner à la France son unité religieuse. Tout son entourage de dévots l'y encourage. Louvois, son ministre de la Guerre, imagine même un procédé très efficace pour convertir les protestants récalcitrants : les dragons, de véritables brutes, s'en vont chez eux, s'y installent. Leur mission consiste à les ramener dans la foi catholique. Si ceux-ci refusent, ils violentent les hommes, violent les femmes, martyrisent les enfants !

Après le traitement de choc des dragonnades de Louvois, il ne reste presque plus de protestants en France, c'est ce qu'on affirme au Roi-Soleil. Et il le croit ! Dans ce cas, à quoi bon maintenir l'édit de Nantes ? Et puis – et c'est surtout ce qui va emporter la décision dans l'esprit de Louis XIV –, en 1683, l'empereur Léopold de Habsbourg a vaincu les Turcs devant Vienne. Il risque de passer pour le seul défenseur de la chrétienté. Que va-t-il advenir alors du roi de France, qui ambitionne de se faire élire empereur des catholiques romains ? Il prend sa décision : le 18 octobre 1685, l'édit de Nantes est révoqué par l'édit de Fontainebleau ! La religion réformée est interdite en France ! Trois cent mille protestants quittent le royaume et s'en vont enrichir les pays voisins !

1668 1679 1697

La mort de Louis XIV

Après le traité d'Aix-la-Chapelle, en 1668, qui met fin à la guerre de Dévolution ayant permis à Louis XIV de conquérir le Brabant et de se rapprocher de la Hollande...

Après le traité de Nimègue, en 1679, qui achève la guerre de Hollande...

Après les traités de Ryswick, en octobre 1697, mettant fin à la guerre de la ligue d'Augsbourg et obligeant Louis XIV à restituer toutes les conquêtes qu'il a faites au détriment des pays voisins...

Après la guerre de succession d'Espagne, qui va durer de 1701 à 1713, terminée par les traités d'Utrecht en Hollande, le 11 avril, puis Rastadt en Allemagne, qui précisent que Philippe V, petit-fils de Louis XIV, conserve le trône d'Espagne et les colonies américaines ; mais ce traité stipule aussi que les Pays-Bas, le Milanais, la Sardaigne et Naples deviennent des possessions autrichiennes ; il précise également que l'Angleterre conserve Minorque et Gibraltar, et que la France renonce à l'Acadie et à Terre-Neuve...

Après toutes ces guerres et tous ces traités, le roi Louis XIV rend son dernier soupir le 1er septembre 1715. Il a régné pendant 72 ans.

Dans les dernières années de sa vie, il a perdu son fils – le Grand Dauphin – en 1711, son petit-fils – le duc de Bourgogne – et son arrière-petit-fils, le duc de Bretagne, en 1712. Le frère de celui-ci est éloigné de la cour – et des médecins trop zélés... En septembre 1715, à cinq ans, il succède à son arrière-grand-père sous le nom de Louis XV. La régence est assurée par Philippe d'Orléans, le neveu du feu roi.

Le système Law

À la mort de Louis XIV, les finances du royaume sont délabrées. C'est alors que surgit John Law, fils d'un orfèvre d'Édimbourg. C'est un aventurier de la finance, dont la pensée est simple : la richesse d'un pays, c'est le commerce. Pour que le commerce soit prospère, il faut que la monnaie existe en abondance et qu'elle circule rapidement. Or l'argent et l'or sont difficiles à transporter. La solution ? La monnaie de papier ! Qui va l'émettre ? L'État qui garantira sa valeur sur l'or et l'argent drainés de partout.

Le Régent permet à Law de créer une banque privée développant son système. Elle ouvre en 1716. C'est un succès considérable. Tout le monde y trouve son compte : les prêteurs, qui peuvent récupérer leur or quand ils le veulent, ou les emprunteurs qui, pour faire du commerce, bénéficient de taux très faibles.

Afin de s'enrichir, l'État crée des colonies, notamment en Louisiane, supposées lui rapporter d'immenses richesses. Des actions sont émises qui provoquent une folle spéculation à la hausse. Des fortunes se créent en un temps record, jusqu'à ce que la nouvelle se répande : les princes ne font plus confiance à Law. La spéculation part à la baisse. L'action négociée à vingt mille livres est tombée à vingt livres ! Tout le monde veut récupérer son métal précieux, ce que font discrètement les princes pendant que la foule des petits porteurs s'étouffe aux guichets pour récupérer or et argent, en vain. L'État français a fait quant à lui une excellente affaire : les trois quarts de la dette publique sont résorbés !

La guerre de succession d'Autriche

En 1740, l'empereur Charles VI d'Autriche meurt après avoir légué par testament l'ensemble de ses États à sa fille aînée Marie-Thérèse. Une femme sur le trône jusque-là occupé par un homme ? Jamais de la vie ! L'héritage est alors revendiqué par la Prusse, la Bavière, l'Espagne, et par la France !

Pendant huit ans, de 1740 à 1748, l'Europe va ainsi se transformer en un gigantesque champ de bataille ! Non seulement en Europe, mais aussi dans les Indes et les colonies. C'est le premier conflit qui pourrait être qualifié de mondial.

Au cours de cette guerre se déroule la bataille de Fontenoy (province du Hainaut). Les troupes du roi assiégeant la ville de Tournai, une armée hollandaise, britannique et autrichienne vient la secourir le 11 mai 1745. Le maréchal de Saxe et Louis XV commandent les troupes françaises, victorieuses à l'issue du combat. À son fils qui s'exalte en parcourant le champ de bataille couvert de cadavres, Louis XV déclare : « Voyez tout le sang que coûte un triomphe. Le sang de nos ennemis est toujours le sang des hommes. La vraie gloire est de l'épargner. »

Au traité d'Aix-la-Chapelle, qui clôt cette guerre en 1748, la Prusse s'agrandit territorialement, l'Autriche demeure stable, et la France en ressort affaiblie. Elle n'a revendiqué aucun des territoires conquis : lors de l'établissement du traité, le roi Louis XV renonce à ses conquêtes flamandes et niçoises, il veut « faire la paix non en marchand mais en roi ». Ainsi, les Français ont « travaillé pour le roi de Prusse ».

La guerre de Sept Ans

Lors de la guerre de succession d'Autriche, la Silésie a été cédée à la Prusse. Marie-Thérèse d'Autriche, l'impératrice, veut la récupérer. La Prusse s'y oppose, elle demande de l'aide à l'Angleterre, qui trouve là l'occasion d'affronter la France, alliée de l'Autriche ! Toutes les forces de la France vont être monopolisées par les affrontements en Europe, alors que, pendant ce temps, ses colonies sont démantelées. Cet effet correspond exactement à ce que souhaitaient les colons d'Amérique, gênés dans leur commerce par l'Empire colonial français !

Tantôt vainqueurs, tantôt vaincus, Frédéric II, les Français et les Autrichiens, épuisés, déposent les armes en 1763. La France se rend compte alors des pertes irrémédiables subies dans son Empire colonial, notamment en Acadie, dont les Anglais ont déporté les habitants d'origine française jusqu'en Louisiane. Leurs biens, leurs cheptels, tout est confisqué au profit de la Couronne britannique. Beaucoup mourront de chagrin et de misère.

Sept ans de guerre vont trouver leur épilogue le 10 février 1763, à la signature du traité de Paris, dont l'Angleterre sort grande bénéficiaire : Choiseul cède aux Anglais le Canada, les îles du Cap-Breton, les îles du Saint-Laurent, les colonies américaines, la vallée de l'Ohio, la rive gauche du Mississippi, la Dominique, Grenade et les îles Grenadines, l'île de Minorque... L'ouest de la Louisiane est donné par la France à l'Espagne, qui cède la Floride aux Anglais. En Inde, cinq comptoirs demeurent français : Pondichéry, Karikal, Yanaon, Chandernagor, Mahé.

Le coup de majesté de Louis XV

Le 1er septembre 1715, Louis XIV meurt. Le 2 septembre, son testament qui prive le Régent des pleins pouvoirs est cassé par le Parlement. En compensation, le Parlement retrouve son vieux droit de remontrance au roi dès le 15 septembre. Ainsi, le Parlement se trouve muni d'un outil dont il ne cesse de se servir pour entraver les réformes, notamment fiscales, qui ne vont pas dans l'intérêt des riches propriétaires qui le composent !

L'obstruction aux décisions de Louis XV, qui fait tout pour instaurer une imposition égalitaire, est donc systématique. Le magistrat La Chalotais, par exemple, à Rennes, entraîne, en 1763, toute la noblesse bretonne dans la défense des privilèges locaux, poussant le Parlement de Rennes à faire un procès au représentant du roi. Le Parlement de Paris se joint à celui de Rennes dans la contestation du pouvoir absolu. Le roi s'obstine. La mesure est pleine : il décide un coup de force, un « coup de majesté ». En 1771, il ordonne que soient démantelés les Parlements, et qu'ils soient remplacés par six cours supérieures.

Le rôle politique du Parlement est ainsi supprimé, les parlementaires deviennent l'équivalent de simples fonctionnaires. La Chalotais et beaucoup d'autres parlementaires sont exilés. La révolution royale ne durera pas. Louis XV meurt de la petite vérole – la variole – en 1774, après un règne de cinquante et un ans. On lui doit, entre autres, la création des chambres d'agriculture, les écoles vétérinaires, le développement des manufactures, l'éclat des arts et lettres...

La réunion des états généraux

Pour faire rentrer l'argent dans les caisses de l'État, Turgot le libéral (« Laissez faire, laissez passer ») favorise la libre circulation des marchandises, ce qui contrarie les profiteurs de taxes diverses. Le roi lui retire sa confiance le 12 mai 1776. La réplique de Turgot est prophétique : « N'oubliez pas, Sire, que c'est la faiblesse qui a mis la tête de Charles 1er sur le billot ! » – le souverain anglais fut décapité le 30 janvier 1649. Necker remplace Turgot et résout le problème financier par l'emprunt. Renvoyé en 1781 pour s'être attaqué aux privilégiés, il cède sa place à Calonne qui, lui aussi, a recours à l'emprunt, mais soumet un projet qui tétanise l'aristocratie : créer un impôt pour tous, selon le revenu. Renvoyé, Calonne, le 8 avril 1787 !

Brienne, son successeur, propose lui aussi un emprunt. Oui, répond le Parlement, mais à condition de convoquer les états généraux, c'est-à-dire les 1200 députés représentant les trois ordres : la noblesse, le clergé et le tiers état. Brienne démissionne.

Necker est rappelé. Les états généraux sont convoqués. De partout en France parviennent les « cahiers de doléances » sur lesquels sont écrites les revendications du clergé, de la noblesse et du tiers état. L'espoir est au beau fixe le 5 mai 1789 à Versailles. Le roi déclare ouverts les états généraux, qui ne se sont pas réunis depuis 1615 ! Necker annonce alors que le déficit n'est pas aussi important qu'on le prétend, et qu'il suffit, pour le combler, de lever de nouveaux impôts. Les députés du tiers état sont consternés !

Le serment du Jeu de paume

Le 17 juin 1789, les députés de la noblesse et du clergé refusent de siéger avec ceux du tiers état, qui se proclame alors Assemblée nationale, sous l'impulsion de Mirabeau. Le 20 juin, la salle des Menus-Plaisirs ayant été fermée sur l'ordre de la reine et des princes, les députés du tiers état, auxquels se sont joints plusieurs députés du clergé, s'installent dans une salle où se pratiquait le jeu de paume – ancêtre du tennis –, dans la ville de Versailles. C'est Joseph Guillotin, né à Saintes, élu député du tiers état de la ville et des faubourgs de Paris, qui a découvert ce refuge. C'est lui qui va donner son nom à « la veuve », au « hachoir national », à « la bascule à Charlot »... : la guillotine !

Les députés du tiers décident de ne jamais se séparer et de se rassembler partout où les circonstances l'exigeront jusqu'à ce que la Constitution du royaume soit établie – c'est le serment du Jeu de paume.

Le 23 a lieu dans la salle des Menus-Plaisirs la séance royale. La séance levée, les députés du tiers, et beaucoup de ceux du clergé, ne bougent pas ! Le marquis de Dreux-Brézé s'approche : « Le roi a levé la séance, il vous ordonne de partir. » Alors, Mirabeau tonne à l'oreille des générations futures : « Allez dire à ceux qui vous envoient que nous sommes ici par la volonté de la Nation, et que nous n'en sortirons que par la force des baïonnettes ! » Non mais ! Tout penaud, le marquis s'en va porter intacte la phrase au roi qui répond : « Ils veulent rester ? Eh bien ! F... ! Qu'ils restent ! »

La prise de la Bastille

Le 7 juillet 1789, à l'Assemblée nationale, un comité de trente membres est chargé de préparer la Constitution. Le 8 juillet, cette commission demande au roi d'éloigner les troupes massées autour de la capitale et de Versailles afin de contenir les éventuels débordements de foule. Le souverain répond par un non ferme.

Le 9 juillet, l'Assemblée nationale se proclame Assemblée constituante. Cela signifie qu'elle ne reconnaît plus au roi son pouvoir, et que ce pouvoir est aux mains des élus du peuple ! Le 9 juillet 1789, l'Ancien Régime n'est plus ! Necker, pourtant très populaire, est renvoyé le 11 juillet. Dès le lendemain, Camille Desmoulins harangue la foule qui s'est assemblée dans le jardin du Palais-Royal : « Aux armes ! Prenons tous des cocardes vertes, couleur de l'espérance ! Ils ont renvoyé Necker ! »

Le 14 juillet, 1000 Parisiens s'emparent de la Bastille, considérée comme le symbole de l'absolutisme royal, décapitent son gouverneur Launay et libèrent les prisonniers qui s'y trouvent : quatre faussaires, deux fous, un débauché et un sadique. Le duc de La Rochefoucauld-Liancourt, l'un des chefs de l'aristocratie libérale, apprend dans la nuit ce qui s'est passé à Paris. Il réveille le roi : « Sire, la Bastille a été prise ! Le gouverneur a été assassiné, et puis Flesselles. Leurs têtes ont été portées dans la ville, au bout d'une pique... » « Mais, c'est une révolte ! » s'écrie Louis XVI qui semble sortir d'un songe de mille ans. Et Liancourt lui répond : « Non, sire, c'est une révolution ! »

L'abolition des privilèges féodaux

Au lendemain de la prise de la Bastille, le roi décide d'aller vers le peuple. Le 16 juillet, il rappelle Necker. Le 17, le peuple se réunit devant l'Hôtel de Ville. La Fayette a demandé à ses troupes de porter la cocarde tricolore qu'il vient d'imaginer : le bleu et le rouge, couleurs de Paris, entourant le blanc de la royauté. Le peuple en liesse se dit que la révolution est terminée.

Dès le lendemain de cette scène de fraternisation, les aristocrates commencent à émigrer. En province, où personne n'est au courant de la réconciliation autour de la cocarde, c'est le début de la Grande Peur : on s'attaque aux châteaux, on pille les abbayes, on massacre.

Dans la nuit du 4 août, les privilèges féodaux – chasse, pêche, corvée... – sont abolis. Le 26 août, inspirée d'un philosophe anglais du XVIIe siècle, la Déclaration des droits de l'homme et du citoyen range l'absolutisme au rayon des antiquités. En voici quelques articles :

I. Les hommes naissent et demeurent libres et égaux en droits. Les distinctions sociales ne peuvent être fondées que sur l'utilité commune.

II. Le but de toute association politique est la conservation des droits naturels et imprescriptibles de l'homme. Ces droits sont la liberté, la propriété, la sûreté et la résistance à l'oppression.

III. Le principe de toute souveraineté réside essentiellement dans la Nation. Nul corps, nul individu ne peut exercer d'autorité qui n'en émane expressément.

IV. La liberté consiste à pouvoir faire tout ce qui ne nuit pas à autrui [...].

Les femmes à Versailles

La Grande Peur de l'été ne s'est pas calmée. À Paris, le bruit court que Versailles regorge de blé ! « À Versailles ! » C'est le cri des six mille femmes qui s'assemblent à Paris le 5 octobre, armées de toutes sortes d'armes de fortune, afin de ramener le roi à Paris, au milieu de son peuple.

Il pleut. La foule féminine toute crottée arrive à Versailles où une délégation est reçue à l'Assemblée. « Le peuple manque de pain ! » Il faut préciser encore une fois ici que jamais Marie-Antoinette n'a prononcé cette phrase que ceux qui détestent « l'étranger », en l'occurrence « l'étrangère », ont mise dans sa bouche : « Ils n'ont plus de pain, qu'ils mangent de la brioche », elle qui pleure chaque jour avec le roi la mort de leur fils de sept ans, Louis-Joseph, le 4 juin 1789 – ce jour-là, Louis XVI, accablé de chagrin, avait demandé que soit repoussée l'ouverture des états généraux. Les députés avaient refusé. Et le roi, gorge serrée, leur avait lancé : « N'y a-t-il donc point de pères dans cette Assemblée ? »

Le lendemain, mardi 6 octobre, paraissant à l'une des fenêtres du château, la reine sera acclamée et admirée pour son courage. Elle quittera Versailles avec sa famille le jour même, les femmes criant qu'elles ramenaient à Paris « le boulanger, la boulangère et le petit mitron ». Jamais ni le roi ni toute sa famille ne reverront le palais. Le 2 novembre, les biens du clergé sont mis à la disposition de la Nation.

La fête de la Fédération

Sur le Champ-de-Mars à Paris se déroule la fête de la Fédération. 14000 délégués des gardes nationales des nouvelles municipalités françaises y défilent devant 400000 personnes. On y acclame le roi et la reine. La Révolution semble terminée. Mais la confiscation des biens de l'Église et la constitution civile du clergé ont troublé beaucoup de notables, de gens du peuple, notamment dans le Midi et en Bretagne, où des troubles ont éclaté.

Le roi n'a pas accepté non plus cette mainmise de la Révolution sur le clergé. Certain qu'il recueillera l'approbation d'une grande partie du pays, il décide de fuir avec sa famille et de retrouver, à la frontière rhénane, l'armée de Condé, une armée de nobles français émigrés. Dans la nuit du 20 juin 1791 à Paris, une mystérieuse voiture franchit la porte Saint-Martin. Paris dort. Il est deux heures 21 juin, huit heures, Paris. Un cri : « Le roi s'est enfui ! » La voiture accumule des retards fatals : à vingt-trois heures, la famille royale atteint Varennes-en-Argonne. La voiture s'arrête près de l'église. Reconnus, ils passent la nuit sur place.

L'aventure est finie : le 22 juin, la berline repart pour Paris avec ses occupants. Le 25 juin, elle atteint la capitale, dans un silence de mort. Le 15 juillet, les députés constitutionnels rétablissent le roi dans ses fonctions. Mais le 17, 5000 Parisiens se réunissent au Champ-de-Mars pour réclamer une république. La Fayette, chargé de maintenir l'ordre, fait tirer sur cette foule. Le peuple de Paris recule et laisse plus de cinquante morts sur le terrain.

L'œuvre de la Constituante

La Constitution de la France, œuvre de l'Assemblée constituante, avait fait ses premiers pas le 9 juillet 1789. Le 14 septembre 1791, elle est votée. Que de changements en deux ans : la France est divisée en départements, districts, cantons et communes. L'impôt est désormais acquitté par tous les Français. Il comporte trois catégories : la contribution foncière sur le revenu des terres, la contribution mobilière calculée sur la valeur locative des habitations, et la patente perçue sur les revenus de l'industrie et du commerce.

La presse devient libre. Les privilèges féodaux sont abolis. Les douanes et péages intérieurs sont supprimés, de même que les corporations, les dîmes (contributions dues à l'Église). L'Assemblée nationalise les biens de l'Église et adopte la constitution civile du clergé : les ecclésiastiques perçoivent un salaire de l'État, tous les bénéfices liés aux abbayes, prieurés, etc., dont bénéficient chapelains ou chanoines sont supprimés. Les droits de citoyen sont accordés aux juifs, aux protestants.

En matière de justice, l'accusé qui paraît devant ses juges dans les 24 heures bénéficie de l'assistance d'un avocat, il ne subit plus la torture. Un jury populaire composé de citoyens tirés au sort décide de sa peine. Une cour de cassation est créée afin de vérifier l'application des lois. Un code pénal est rédigé, sur le modèle de l'ancien code romain. Le roi ne possède plus que le droit de veto – celui de s'opposer aux décisions de l'Assemblée. Le 1er octobre, l'Assemblée constituante laisse la place à l'Assemblée législative.

La journée des Tuileries

Aux frontières, des troupes sont massées qui pourraient entrer en France et rétablir la royauté dans ses droits. C'est ce que Louis XVI espère. On vient lui présenter ce que l'Assemblée législative vient de décider : les princes émigrés doivent immédiatement rentrer en France, sinon ils seront punis de mort ; les prêtres réfractaires doivent prêter le serment constitutionnel ; le roi doit exiger la dispersion des émigrés qui complotent à Trèves, en Allemagne. Louis XVI accepte le troisième décret, mais, disposant de son droit de veto, refuse les deux premiers. Ainsi naît le surnom que le peuple en colère lui donne : Monsieur Veto ! Le 20 avril 1792, l'Assemblée vote la déclaration de guerre ! Cinq jours plus tard, le 25 avril, Rouget de Lisle compose à Strasbourg la future *Marseillaise*.

La guerre commence fort mal, des troubles s'y ajoutent dans l'ouest. L'Assemblée vote alors trois décrets : l'emprisonnement des prêtres réfractaires, la dissolution de la garde du roi, la constitution d'un camp de vingt mille gardes nationaux fédérés – c'est-à-dire fidèles à la Révolution – près de Paris. « Monsieur Veto » s'oppose au premier et au troisième décret. Le 20 juin 1792, six mille personnes armées de piques se ruent à l'Assemblée. Sur des pancartes, on peut lire : « À bas le veto. » La troupe envahit le château des Tuileries. Le roi est entouré par la foule menaçante. On lui fait coiffer le bonnet rouge, boire du vin à la bouteille, comme un vrai sans-culotte. Mais il maintient son veto. Courageusement.

La chute de la royauté

La rumeur d'un complot aristocratique ne cesse de s'amplifier dans la capitale : le roi serait complice de tous ces ennemis qui se sont massés aux frontières et qui veulent envahir la France pour le rétablir sur son trône ! Les sections de sans-culottes demandent alors la déchéance de Louis XVI le 3 août 1792. L'Assemblée fait la sourde oreille jusqu'au 9 août. Mais le soir du 9 août, tous les bourdons, toutes les cloches de la capitale commencent à sonner.

Des groupes armés se forment autour des Tuileries. Toute la nuit, le tocsin va sonner. Le roi est emmené dans les locaux de l'Assemblée. Au matin du 10 août 1792, les sans-culottes attaquent les Tuileries. Les gardes du palais ouvrent le feu. Des dizaines de Parisiens tombent, leur troupe recule. Mais voici les volontaires marseillais et brestois : ils mettent en batterie les canons qu'ils roulent depuis le faubourg Saint-Antoine.

Des coups de feu et des boulets sont échangés. Puis les Suisses et tous ceux qui gardent le château déposent les armes, le roi leur ayant envoyé l'ordre de cesser le feu. Ils sont alors tués sur place, détroussés, dénudés et, pour beaucoup, décapités. Parmi les assaillants, un parfait inconnu observe la scène, un certain Napoléon Bonaparte... Robespierre, Marat, Danton demandent que le roi soit définitivement suspendu de ses fonctions. Ce qui est fait. La famille royale va être conduite à la prison du Temple. Clovis, Charlemagne, Hugues Capet, tous les Charles, tous les Henri, tous les François et tous les Louis, c'est fini ! Ou presque...

Les massacres

Le roi déchu, la guerre aurait dû cesser, l'Europe considérant comme vainqueurs les révolutionnaires. Ce n'est pas le cas... Plus de roi, mais la guerre continue. Brunswick le Prussien est en Champagne, il avance lentement mais sûrement vers Paris. Il s'est emparé de Longwy, de Verdun. Les bruits du complot des aristocrates contre la France se renforcent.

Marat, l'enragé, sort de ses gonds. Dans son journal *L'Ami du peuple*, il appelle les citoyens, tous les patriotes, à l'action directe, de sorte que fin août, le comité de surveillance de la Commune de Paris a signé un arrêté qui ordonne de juger tous les prisonniers séjournant dans les geôles.

Danton, le 2 septembre 1792, termine son discours à l'Assemblée par cette phrase demeurée célèbre : « Pour vaincre les ennemis de la patrie, il nous faut de l'audace, encore de l'audace, toujours de l'audace. » L'ordre de Marat va être suivi au pied de la lettre : des exécuteurs sont recrutés dans les faubourgs. Des tribunaux sommaires sont mis en place qui condamnent à mort prêtres, aristocrates ou gens du peuple, exécutés à coup de sabre à leur sortie.

Les massacres durent trois jours, les 2, 3 et 4 septembre. Ils font mille quatre cents victimes à Paris, beaucoup moins en province. Au matin du 3 septembre 1792, la princesse de Lamballe est tirée de son cachot. Abattue d'un coup de sabre, dévêtue, décapitée. Sa tête est promenée au bout d'une pique jusque sous les fenêtres de la prison du Temple où se trouve Marie-Antoinette qui, reconnaissant sa confidente, s'évanouit.

La victoire de Valmy

Le 20 septembre 1792 à Valmy, dans la Marne, l'armée des sans-culottes se trouve face aux quatre-vingt mille Prussiens de Brunswick, dont cinq mille émigrés seulement. Ils s'apprêtent à ne faire qu'une bouchée de l'armée française – cinquante mille combattants. Mais Brunswick décide soudain d'arrêter la bataille ! C'est donc la victoire pour les Français. Son impact psychologique est énorme pour les révolutionnaires. Le roi ayant été déchu de ses pouvoirs, une nouvelle assemblée est élue afin d'élaborer une Constitution adaptée à la situation. Cette assemblée prend le nom de Convention nationale.

D'abord unis dans les clubs par le même souci de changement, les révolutionnaires se sont divisés parce que leurs conceptions de la nouvelle société s'opposent totalement. Leur combat est une lutte à mort. La Convention se réunit pour la première fois le 21 septembre 1792. Les élus girondins – jacobins de droite – occupent le tiers des sièges ; les modérés, appelés le marais, en occupent le quart. Le reste, la minorité, est réservé aux jacobins de gauche et aux Montagnards, appelés ainsi parce qu'ils siègent sur les plus hauts degrés de l'Assemblée.

Trois noms se détachent de la minorité jacobine de gauche et montagnarde, très active et jugée terroriste : Danton, Robespierre et Marat. Dès son ouverture, le 21 septembre, la Convention abolit la royauté. Le lendemain, sur une proposition de Billaud-Varenne, elle décide de dater les actes de l'An I de la République – la République naît ainsi, sans grande cérémonie, le 22 septembre 1792.

Les guerres de Vendée

Au cours de l'été 1793, les soldats de la République – les Bleus – sont envoyés contre les Vendéens – les Blancs –, qui ont refusé la levée en masse de soldats et constitué une armée destinée à lutter contre la Révolution, à protéger les prêtres réfractaires.

Les Vendéens battent les Bleus à Torfou, en septembre, mais le 17 octobre 1793, les Bleus battent les Blancs à Cholet. Ceux-ci – ils sont près de 100 000 – franchissent la Loire et s'en vont alors vers Granville. C'est ce qu'on appelle « la virée de Galerne » – d'un mot celtique qui désigne le vent du nord-ouest. Ils espèrent le secours des émigrés et des Anglais qui ne viendront pas. Ils se replient sur Angers, sont refoulés vers Le Mans, où les Bleus de Marceau les écrasent. Le reste repart vers Savenay, où Kléber, Marceau et Westermann les achèvent le 23 décembre.

Jusqu'en mai 1794, la Vendée est persécutée par les colonnes infernales de Turreau qui assassinent les populations. En février 1795, une paix temporaire est signée avec Charrette. Mais le 27 juin 1795, des émigrés et des Anglais débarquent à Quiberon, aidés par les chouans – combattants du nord de la Loire – de George Cadoudal. Les 16 et 17 juillet 1795, les chouans et leurs alliés sont battus. Les 751 prisonniers sont condamnés à mort et exécutés. Stofflet est fusillé à Angers le 25 février 1796, Charrette le 29 mars, à Nantes : il avait été capturé quatre jours plus tôt dans les bois de la Chabotterie, sur la commune de Saint-Sulpice-le-Verdon. Les guerres de Vendée ont fait plus de deux cent mille morts.

Les Girondins sont arrêtés

Le 21 janvier, Louis XVI, emprisonné depuis septembre 1792 au Temple, condamné à mort la veille par le tribunal révolutionnaire, est guillotiné. Le 24 février, la Convention décrète la levée en masse de 300 000 hommes, chaque département doit fournir son contingent – la Vendée refuse et se révolte. Le 6 avril, un comité de salut public – un gouvernement qui a les pleins pouvoirs – est créé par Robespierre afin d'instaurer ce qu'il appelle la dictature de la vertu.

D'abord hostile à la peine de mort, dont il avait demandé l'abolition, Robespierre la fait appliquer avec rigueur. Afin d'unir tous les citoyens dans un même mysticisme, il crée la fête de l'Être suprême, qui sera célébrée pour la première et la dernière fois le 8 juin 1794.

Entre décembre 1793 et février 1794, Carrier, député de la Convention nationale, envoyé à Nantes, fait exécuter par fusillade 2 600 prisonniers, et par noyade dans la Loire près de 10 000 hommes, femmes et enfants, la plupart vendéens. Rappelé à Paris, Carrier sera guillotiné le 16 décembre 1794 après avoir déclaré pour sa défense : « Je n'ai fait qu'exécuter les ordres ! »

Le 2 juin 1793, les Girondins, bourgeoisie possédante, partisans d'une France décentralisée, sont arrêtés – les Montagnards, Robespierre et Danton, défendent l'idée d'une France centralisée autour de Paris. Jugés par le tribunal révolutionnaire, les Girondins sont condamnés à mort et guillotinés le 31 octobre 1793.

La chute de Robespierre

Hébert, à Paris, ne cesse d'agiter le peuple au moyen de son journal *Le Père Duchesne*. Il réclame sans cesse des exécutions, demande que le terrorisme s'accentue. Robespierre le juge excessif, lui et les siens : il les envoie à l'échafaud le 14 mars 1794. Danton, Camille Desmoulins, Fabre d'Églantine et Hérault de Séchelles continuent de demander l'arrêt de la Terreur.

Danton commence à négocier avec l'ennemi pour une cessation des hostilités. Robespierre le juge trop indulgent. Il le fait arrêter avec ses amis, qu'il accuse d'avoir trempé dans la liquidation frauduleuse de la Compagnie des Indes. Le procès des dantonistes a lieu du 2 au 4 avril 1794. La mort les attend. Le 5 avril, ils sont conduits au supplice. Au bourreau Sanson, Danton crie : « Tu montreras ma tête au peuple, elle en vaut la peine ! »

Le 10 juin 1794, la Convention vote un texte qui ne conserve qu'une seule peine : la mort. En deux mois, pendant la « Grande Terreur », plus de mille trois cents personnes sont guillotinées (voici l'origine des guillotinés pendant la Révolution : 31 % d'ouvriers, 28 % de paysans, 25 % de bourgeois, 8,5 % d'aristocrates, 6,5 % de prêtres, 1 % n'entrent pas dans ce classement). Malgré les victoires militaires qui garantissent les frontières, Robespierre s'acharne à vouloir faire tomber encore des têtes. Un complot se forme bientôt. Réfugié à l'Hôtel de Ville le 9 thermidor – 27 juillet 1794 –, il est arrêté par les troupes de la Convention, blessé, puis guillotiné le lendemain, 28 juillet.

Le système métrique est adopté

Depuis 1790, les scientifiques Borda, Lagrange, Laplace, Monge et Condorcet ont concocté un système de poids et mesures qui va être décrété le 7 avril 1795 par la Convention, le système métrique dont fait partie le mètre (1/10 000 000ᵉ de la longueur du quart nord du méridien de Paris) ! Le nouveau système va s'imposer dans toute la France. Are, hectare, gramme, kilogramme, litre... autant de nouveaux mots qui vont remplacer la toise, le pied, le boisseau, la pinte.

La Convention, c'est aussi la création du Muséum d'Histoire naturelle, par Lakanal, c'est l'agrandissement du Jardin des Plantes. La Convention, c'est encore la création de l'École Polytechnique, du Conservatoire national des Arts et Métiers, de l'École normale supérieure, de l'École spéciale des langues orientales, du Conservatoire national de musique, du conservateur des hypothèques. C'est, pour les éditeurs, l'obligation de déposer à la Bibliothèque nationale deux exemplaires de chaque livre publié, c'est l'institution de la propriété littéraire, par Lakanal.

Les anciennes académies ayant été dissoutes en 1793 par Marat, qui les accusait d'être des repaires d'aristocrates, réapparaissent à Paris en 1795 sous la forme de l'Institut de France, rassemblant cinq académies : l'Académie française (40 membres), l'Académie des inscriptions et belles-lettres (55 membres), l'Académie des sciences (283 membres), l'Académie des beaux-arts (67 membres), l'Académie des sciences morales et politiques (50 membres).

Le début du Directoire

Il y eut la place Louis XV. Il y eut la place de la Révolution. Il y a désormais la place de la Concorde ! Ainsi en décident les membres de la Convention avant de se séparer le 26 octobre 1795 ! Ils espèrent que cette place deux fois débaptisée ne connaîtra plus jamais d'explosions de colère.

Une amnistie générale est votée, sauf pour les émigrés et les déportés. Le même jour, Bonaparte, nommé général de division le 16 octobre 1795, devient commandant en chef de l'armée de l'intérieur. Le même jour encore, ce 4 brumaire de l'an IV – le 26 octobre –, la Convention est remplacée par le nouveau gouvernement : le Directoire.

Le 22 août 1795, l'Assemblée vote la Constitution de l'an III pour remplacer la Constitution de 1793 jamais appliquée. Tout a été pensé, dans cette nouvelle constitution, pour éviter une dictature : les députés vont composer deux assemblées au lieu d'une. Ce seront le Conseil des Cinq-Cents, qui discute et vote les résolutions, et le Conseil des Anciens – 250 membres –, qui transforme ou non les résolutions votées en lois. Pour siéger au Conseil des Anciens, il faut avoir plus de quarante ans. Ces députés sont élus au suffrage censitaire, c'est-à-dire que seuls les électeurs disposant d'une petite fortune votent. Le terme « Directoire » vient du mot directeur. Élus pour cinq ans par le Conseil des Anciens, les cinq directeurs qui le composent sont renouvelables à raison d'un seul par an. Ils nomment huit ministres. Bref, le spectre de Robespierre le dictateur est maintenu à distance !

Le coup d'État du 18 brumaire an VIII

Le 15 mai 1796, Bonaparte fait son entrée dans Milan en libérateur : il a battu les Autrichiens à Lodi le 10 mai, il va les battre à Arcole le 17 novembre. Le 18 octobre 1797, il contraint les Autrichiens, qu'il tient en échec – il les a battus notamment à Rivoli, le 14 janvier –, à signer le traité de Campoformio. Ce traité lui permet de renflouer les caisses du Directoire.

Le 4 septembre 1797, au Directoire, on joue au balancier : un coup à gauche en déjouant la conjuration des Égaux de Gracchus Babeuf, ce qui évite le retour des jacobins ; un coup à droite avec le coup d'État du 18 fructidor de l'an V – le 4 septembre 1797 – qui écarte les royalistes, devenus majoritaires dans les assemblées.

Après un passage en France, Bonaparte commence la campagne d'Égypte. Il part de Toulon le 19 mai 1798. Le 21 juillet, près des Pyramides, il vainc les Mamelouks puis entre au Caire deux jours plus tard. Ses campagnes victorieuses ont rempli les caisses du Directoire corrompu. Il décide alors de s'emparer du pouvoir.

Le 18 brumaire de l'an VIII (9 novembre 1799) se déroule le coup d'État du même nom. Les cinq directeurs sont écartés. Le lendemain, il est accueilli aux cris de « À bas le dictateur ! » par les membres de l'Assemblée législative. Joachim Murat sauve la situation en ordonnant à ses soldats, qui chargent les 500 membres de l'Assemblée dans un brouhaha indescriptible : « F..tez-moi tous ces bougres-là dehors ! » Ce qui est fait. C'en est fini du Directoire !

13 décembre 1799

Bonaparte, Premier consul

Une nouvelle Constitution est proclamée – la Constitution de l'an VIII – qui fait de Bonaparte le Premier consul. Elle sera plébiscitée le 7 février 1800 par plus de 3 millions de voix pour et 1500 voix contre. Le 13 février 1800, une association de banquiers fonde la Banque de France – ce n'est encore qu'une société privée par actions. Le 17 février, le Premier consul structure de façon rigoureuse et efficace le pays : un préfet par département, un sous-préfet par arrondissement et un maire par commune, assisté d'un conseil municipal.

Alerte au début de 1800 : les Autrichiens se préparent à attaquer la France par le sud. Bonaparte fait alors franchir à ses troupes le col du Grand-Saint-Bernard, du 14 au 23 mai, et le 8 juin, les 8000 Français de Lannes battent 18000 Autrichiens à Montebello ! Le 14 juin, à Marengo, la charge du général Desaix – qui y trouve la mort d'une balle en plein cœur – transforme la défaite des Français en victoire éclatante. Tout semble réussir au Premier consul ! Mais, le 24 décembre 1800, rue Saint-Nicaise (à l'emplacement de la cour du Louvre actuel), une machine infernale explose au passage du cortège de Bonaparte. Le Premier consul est indemne. Les auteurs, deux royalistes, sont exécutés le 20 avril. Cet attentat fait 4 morts et 60 blessés.

Le 16 juillet 1801, le Premier consul signe un concordat avec le pape Pie VII : le catholicisme est reconnu pour la religion pratiquée par la majorité des Français. Le Premier consul nomme les évêques. Un salaire est accordé aux évêques et aux curés.

Bonaparte sacré empereur Napoléon Ier

Le sacre de l'Empereur a été minutieusement préparé. Le peuple a été consulté : les trois millions cinq cent mille voix habituelles ont approuvé la transformation du consul à vie en empereur. La France est alors la première puissance d'Occident : la France, c'est Paris, Bruxelles, Amsterdam, Aix-la-Chapelle, Genève, Mayence, Turin, c'est le Sénégal, les Antilles, l'île de la Réunion. Plus de 120 départements et près de 50 millions d'habitants.

Il neige sur Paris, le 2 décembre 1804. Toutes les heures pendant la nuit, le canon a tonné. Napoléon, 35 ans, entre dans Notre-Dame au son d'une marche guerrière. Les six mille invités crient d'une seule voix : « Vive l'empereur ! » Au cours de la cérémonie religieuse, Napoléon se lève, enlève sa couronne de laurier et place lui-même sur sa tête sa couronne d'empereur. Vers trois heures de l'après-midi, alors qu'il vient de prononcer, la main sur l'évangile, son serment en terminant par ces mots, « Je jure de gouverner dans l'intérêt de la gloire et du bonheur du peuple français », le héraut de la cérémonie crie : « Le très glorieux et très auguste Napoléon, empereur des Français, est sacré et intronisé. »

C'en sera bientôt fini de la Révolution : on ne fêtera plus le 14 Juillet, la *Marseillaise* disparaît, le nom même de République n'apparaîtra plus, en 1807, dans les formules de publications de lois. En 1808, sur les pièces de monnaie, la « République française » cèdera la place à l'« Empire français » !

La bataille d'Austerlitz

En mars 1805, Napoléon donne l'ordre à l'amiral Villeneuve, qui a pris le commandement de la flotte à Toulon, de rejoindre à Fort-de-France les autres escadres françaises, afin d'épuiser Nelson l'Anglais. Mais Villeneuve ne suit pas les ordres donnés, s'estimant incapable d'affronter la puissance des navires anglais. Il se réfugie dans Cadix, en Espagne.

Le 21 octobre 1805, au large du cap Trafalgar, Nelson coule presque tous les vaisseaux français, ce qui met en colère Napoléon, qui doit abandonner le projet d'envahir l'Angleterre. Celle-ci fait partie de la 3e coalition contre la France, aux côtés de la Russie, de l'Autriche et de la Suède. Voilà pourquoi Napoléon lance la Grande Armée vers le Rhin afin d'empêcher la jonction des armées russes et autrichiennes. Les défaites ou replis de ces dernières obligent l'Empereur à les poursuivre jusqu'en Moravie, près de Brno, à Austerlitz.

La bataille s'engage le 2 décembre 1805, un an exactement après le sacre de l'Empereur à Notre-Dame. Le plan austro-russe semble gagnant, mais les ordres circulent mal dans cette armée trop figée dans ses traditions et hiérarchies. Inférieur numériquement, Napoléon parvient à couper en deux l'armée austro-russe sur le plateau de Pratzen. À 16 h, la bataille des trois empereurs – Napoléon (le vainqueur), François II, empereur d'Autriche, Alexandre Ier, empereur de Russie – est terminée. Le bronze des canons pris à Austerlitz a servi à ériger la colonne Vendôme à Paris.

La bataille d'Eylau

Une quatrième coalition s'étant formée contre la France, les Français battent l'armée prussienne à Iéna et Auerstaedt, en Allemagne orientale, le 14 octobre 1806. Le 27 octobre, Napoléon fait son entrée à Berlin. Le 21 novembre 1806, le blocus continental est décrété contre l'Angleterre : tout commerce est interdit avec les îles britanniques. Après l'application de ce blocus continental, les ports qui, en France, commerçaient avec les Anglais sont ruinés.

On remplace le sucre de canne par du sucre de betterave, et le café par de la chicorée, ce qui permet au nord de la France de prendre son essor. Mais l'industrie et l'agriculture souffrent considérablement !

Le 8 février 1807 a lieu une nouvelle bataille contre les Prussiens, à Eylau. En pleine tempête de neige, et en difficulté, l'Empereur fait appel à Murat : « Nous laisseras-tu dévorer par ces gens-là ? » La plus célèbre charge de cavalerie de l'histoire va commencer : douze mille cavaliers fondent sur les Russes et les mettent en déroute ! À dix-neuf heures la victoire a coûté quarante mille tués ou blessés. Des 120 soldats de la compagnie chargée de défendre le cimetière du village, il ne resta que trois survivants, dont le capitaine Louis-Joseph Hugo (1777-1853), oncle de Victor.

Le 14 juin 1807, les Russes sont vaincus à Friedland, au sud de Königsberg. Le 25 juin, les deux empereurs se rencontrent sur un radeau aménagé au milieu du fleuve Niémen, à Tilsit. Le roi de Prusse se joint à eux le lendemain. La paix semble gagnée lors de la signature des traités, les 7 et 9 juillet 1807.

La bataille de Wagram

Au mois d'avril 1808, les troupes de Napoléon qui ont envahi l'Espagne à la monarchie vacillante pensent gagner facilement l'assentiment du peuple espagnol, puis envahir le Portugal. Napoléon substitue à Charles IV d'Espagne Jérôme Bonaparte, son frère. Mais les Madrilènes se soulèvent le 2 mai. La répression conduite par Murat est féroce. Francisco Goya (1746-1828) immortalise ces événements en un diptyque : *Dos de Mayo*, l'attaque française, et *Tres de Mayo*, la féroce répression ordonnée par Murat. Cette « campagne d'Espagne » ne se terminera qu'en 1814.

En 1809, Napoléon fait face à la cinquième coalition. Le 22 avril, les Autrichiens sont défaits à Eckmühl, en Bavière. Le lendemain, nouvel affrontement contre les Autrichiens, battus à Ratisbonne, bataille au cours de laquelle Napoléon reçoit l'unique blessure de sa carrière : une balle lui touche la cheville. Après l'indécise bataille d'Essling, le 22 mai, au cours de laquelle le maréchal Lannes est blessé à mort, Napoléon vainc de nouveau les Autrichiens, à Wagram, les 5 et 6 juillet. L'armistice est signé le 12 juillet. Est-ce la fin des guerres ? Non, seulement une trêve.

Après avoir divorcé de Joséphine, qui ne lui donnait pas d'héritier, Napoléon épouse Marie-Louise d'Autriche le 2 avril 1810 au Louvre. Et le 20 mars 1811, 100 coups de canon annoncent la naissance de Napoléon-François-Joseph-Charles, fils de l'empereur Napoléon Ier et de l'impératrice Marie-Louise. Celui qu'on appellera l'Aiglon est déjà, en naissant, roi de Rome.

Le passage de la Bérézina

1812 : les 680 000 hommes composant la Grande Armée partent au mois de juin vers la Russie, le tsar Alexandre Ier n'ayant pas respecté le traité de Tilsit. Le 7 septembre, les troupes de Napoléon affrontent celles des Russes à Borodino, près de la rivière la Moskova, à 150 km de Moscou. De 6 h à 15 h 51 000 Russes et 30 000 Français périssent sur le champ de bataille le plus meurtrier des campagnes napoléoniennes.

L'Empereur entre dans la capitale russe le 14 septembre. Le lendemain, elle est en flammes. Moscou va brûler pendant trois jours. Napoléon attend un signe du tsar. Le 13 octobre, les premières neiges tombent. Le repli de la Grande Armée est décidé. Il devient retraite. Et bientôt, débâcle. Les attaques de cosaques sont incessantes.

Le 25 novembre, l'Empereur et sa troupe arrivent au bord de la rivière, la Bérézina. Plus de cent mille Russes les attendent. Napoléon ne dispose que de vingt-cinq mille hommes valides, de trente mille autres à demi blessés, moribonds. En amont de leur position, les Français trouvent un passage à gué sur lequel ils construisent des ponts au prix d'incroyables sacrifices en vies humaines !

Du 26 au 28 novembre 1812, ce qui reste de l'armée franchit ces ponts par –20° ou –30°. Parmi eux, un commissaire aux approvisionnements, nommé Henri Beyle, connu en littérature sous le pseudonyme de Stendhal... Le 5 décembre, Napoléon confie le commandement de ce qui reste de son armée à Murat qui, considérant la partie perdue, rejoint en janvier 1813 son royaume de Naples.

La bataille de Waterloo

1813 : à Leipzig, la sixième coalition contre la France rassemble 400 000 hommes auxquels l'armée de Napoléon fait face avec ses 200 000 soldats. La bataille commence le 16 octobre. Le 18, sous la canonnade ennemie nourrie, Napoléon doit donner à ses troupes l'ordre de retraite. Il vient de perdre ce qu'on a appelé la « bataille des nations ». Les alliés ne vont pas s'arrêter en si bon chemin. Ils se dirigent vers la France afin de vaincre l'Empereur.

Malgré les multiples victoires remportées par Napoléon lors de la campagne de France en 1814 – Champaubert, Montmirail, Montereau –, les troupes coalisées occupent Paris. L'Empereur doit signer son abdication sans condition le 6 avril. Il est envoyé à l'île d'Elbe, dont il devient le souverain. Le 3 mai 1815, Louis XVIII, frère de Louis XVI, fait son entrée à Paris. Le 4 juin, il publie la Charte – ou Constitution – de 74 articles où les acquis de la Révolution et du Consulat sont préservés.

Mais, coup de théâtre : l'Empereur s'est évadé de l'île d'Elbe ! Pendant ce qu'on appelle les Cent-Jours, du 1er mars au 7 juillet 1815, il joue ses dernières cartes, lance ses derniers dés et ses troupes en Belgique.

À Waterloo, le 18 juin, le dernier combat de Napoléon s'engage contre les Anglais sous le commandement de Wellington et les Prussiens sous les ordres de Blücher. Vaincu, l'Empereur abdique une deuxième fois le 22 juin 1815. Il est conduit à l'île de Sainte-Hélène, dans l'Atlantique sud, sous l'étroite surveillance des Anglais. Il ne s'en échappera pas. Il y meurt le 5 mai 1821.

L'assassinat du duc de Berry

Le 8 juillet 1815, le roi Louis XVIII (1755-1824) s'installe de nouveau au château des Tuileries. Du 14 au 22 août ont lieu les élections, qui aboutissent à une « Chambre introuvable », selon les termes de Louis XVIII, c'est-à-dire une chambre inespérément ultra-royaliste, née de la réaction à l'Empire. Bientôt, la Chambre introuvable exige le suffrage universel parce que la population française, essentiellement paysanne, est en majorité royaliste ; elle exige aussi le régime parlementaire, qui permettrait de ne plus tenir compte de l'avis des ministres que le roi nomme afin de rétablir l'équilibre.

Trop, c'est trop ! Le 5 septembre 1816, cette Chambre introuvable est dissoute. De nouvelles élections en octobre donnent la victoire aux modérés. Louis XVIII donne carte blanche à son ministre de la Police Decazes, qui pratique une politique libérale, fait voter des lois en faveur de la presse. En 1819, il devient président du Conseil. Tout semble aller pour le mieux.

Hélas, dans la nuit du 13 au 14 février 1820, le duc de Berry, neveu de Louis XVIII, héritier du trône, est assassiné par un fanatique, Louis Pierre Louvel, en sortant de l'opéra, au bras de sa femme Marie-Caroline. Évidemment, les ultras en profitent pour accuser Decazes de complicité, ce qui est invraisemblable, mais il doit démissionner. « Le pied lui a glissé dans le sang ! » écrit fielleusement Chateaubriand. Decazes est nommé ambassadeur à Londres. Puis, revenu d'Angleterre, il crée dans l'Aveyron les forges de... Decazeville, ville où il meurt le 24 octobre 1860.

Les Trois Glorieuses

En 1821, c'est le retour des ultras : la chambre élue est royaliste. Villèle est Premier ministre.

Trois ans plus tard, les ultras remportent de nouveau une victoire écrasante aux élections législatives. Le 16 septembre, le roi Louis XVIII meurt. Il est remplacé par son frère Charles X, sacré à Reims le 29 mai 1825. Celui-ci ne cache pas sa préférence pour tout ce qui pourrait reconduire à l'Ancien Régime. Il fait voter la loi sur le milliard des émigrés qui leur permet de recevoir vingt fois le revenu perçu sur leurs biens en 1789 ! Les élections de 1830 sont remportées par les libéraux.

Charles X craint alors de perdre peu à peu son pouvoir. Il décide un coup de force en trois temps : le musellement de la presse, la dissolution de la chambre des députés, la modification de la loi électorale afin que seuls les propriétaires fonciers votent. Le 27 juillet 1830, c'est l'explosion.

Trois journées durant, les Trois Glorieuses (27, 28 et 29 juillet), le peuple en révolte contraint Charles X à abdiquer. L'ultime régnant Bourbon s'exile. Il meurt du choléra, en Autriche, à 79 ans, le 6 novembre 1836. Descendant du frère de Louis XIV, Louis-Philippe Ier, un Orléans, fils de Philippe Égalité, qui a voté la mort de Louis XVI, monte sur le trône. Il est intronisé « roi des Français » le 9 août 1830. Une monarchie constitutionnelle se met en place – la monarchie de Juillet – pour dix-huit années pendant lesquelles la bourgeoisie d'affaires est choyée au détriment des républicains, acteurs principaux mais non bénéficiaires des Trois Glorieuses.

La révolte des canuts

Louis-Philippe s'est entouré de plusieurs ministres banquiers, Jacques Laffitte, par exemple, qui devient président du Conseil le 2 novembre 1830. Il ne parvient pas à calmer le mécontentement populaire qui prend la forme d'émeutes dans les grandes villes de France.

Laffitte est remplacé par Casimir Perier – banquier lui aussi... – le 13 mars 1831. Son programme se résume en un mot : l'ordre. Les ouvriers de la soie, les canuts, se révoltent à Lyon. Le perfectionnement des métiers à tisser a provoqué la chute de leur salaire. Casimir Perier envoie à Lyon une armée de vingt-six mille hommes. La rébellion est matée au prix de six cents vies humaines ! Le pouvoir des banquiers intransigeants conduit à une politique d'où les préoccupations du peuple sont exclues.

Casimir Perier est victime de l'épidémie de choléra le 5 juin 1832 – en quelques mois, le choléra fait 18 000 morts sur 800 000 habitants à Paris. Le 5 juin, à Paris, lors des obsèques du général Lamarque – un héros d'Austerlitz –, les républicains transforment la cérémonie en émeute. Un régiment de dragons présent tire sur les émeutiers. Le bilan est lourd : huit cents morts !

Deux ans plus tard, le 9 avril 1834, débute la seconde insurrection des canuts à Lyon. L'armée occupe la ville, tire sur la foule désarmée. Des centaines d'ouvriers sont tués. La misère est immense. Les enquêtes menées par les docteurs Villermé à Lyon et Guépin à Nantes attestent d'une situation alarmante : les logements sont des taudis, l'état général de la santé physique est désastreux.

La première loi sur le travail

La loi du 22 mars 1841, qui limite le travail des hommes, femmes et enfants, révèle combien, antérieurement, ils ont été exploités. Une exploitation qui ne cesse, puisque cette loi, si elle limite les heures de travail, n'en maintient pas moins l'excessive quantité : le travail des enfants de moins de huit ans est interdit (ce qui signifie que, dès l'âge de cinq ans, les enfants travaillaient dans les mines, sous les métiers à tisser, etc.) ; la journée de travail pour les enfants de huit à douze ans ne doit pas excéder huit heures ; celle des douze à seize ans ne dépasse pas 12 heures. Le travail de nuit, c'est-à-dire de 21 h à 5 h, est interdit aux moins de treize ans.

Et ces horaires sont appliqués chaque jour de la semaine, sans repos hebdomadaire, avec des salaires de misère qui permettent à peine de se nourrir.

On aboutit, vers la fin des années 1840, à une population ouvrière anémiée, malade, chétive, qui contraste avec une bourgeoisie peu nombreuse et opulente. Les ministres Thiers ou Guizot ne s'inquiètent guère de cette misère. Pour eux, le problème social se réglera de lui-même lorsque l'enrichissement général aura atteint un niveau suffisant. Cette théorie singulièrement floue laisse le champ libre aux profiteurs, aux prédateurs de tout poil. Ni l'État ni les élus – les riches en petit nombre – ne désirent faire quoi que ce soit pour améliorer le sort des ouvriers. Dans l'indifférence, les enfants meurent dans les mines ou sous les métiers à tisser !

La naissance de la Deuxième République

Que faire pour soulager la misère du peuple ? Le gouvernement de Guizot est coupé des réalités. L'opposition lance alors une campagne de banquets au cours desquels naît l'idée d'une nouvelle révolution ! Un grand banquet prévu à Paris le 22 février 1848 est interdit. Des incidents éclatent et font un mort.

Le lendemain, le 23 février, les manifestations reprennent. Vers vingt et une heures, la troupe tire sur les manifestants : cinquante-deux d'entre eux sont tués. On charge leurs corps sur des charrettes qui sont promenées toute la nuit dans la capitale. Partout s'élève un cri : « On égorge le peuple ! »

Le 24 février 1848, Louis-Philippe abdique, la Deuxième République est proclamée. Le poète Alphonse de Lamartine forme un gouvernement provisoire, le principe du suffrage universel est adopté, le droit au travail est proclamé, l'esclavage dans les colonies est aboli, la liberté de la presse est rétablie. Pour donner du travail au peuple, des ateliers nationaux sont créés, puis, soupçonnés d'être des foyers de révolte, supprimés le 21 juin 1848. Le peuple se désespère et sent que les bénéfices de la révolution lui échappent encore. Des barricades s'élèvent dans les rues. Cavaignac lance la répression, qui fait en tout près de 7000 morts ! Une nouvelle Constitution est adoptée le 4 novembre 1848, suivie d'élections pour la présidence, avec un candidat qui rappelle un glorieux passé : Louis-Napoléon Bonaparte, neveu de Napoléon Ier. Il est élu président avec 74,2 % des voix, contre 20 % pour Cavaignac et 1 % pour Lamartine…

Le commerce triangulaire

Du XVe au XIXe siècle, les Européens établissent un « commerce triangulaire », en trois étapes. Des navires négriers quittent l'Europe pour les côtes ouest de l'Afrique, où ils échangent des marchandises contre des captifs qu'ils revendront une fois parvenus aux Antilles, avant de repartir les cales pleines de produits particulièrement prisés en Europe : sucre, tabac, épices, café, coton...

Ces voyages, qui font la fortune d'armateurs européens, supposent une minutieuse préparation qui comprend la recherche des capitaux nécessaires à l'opération, le recrutement d'équipages et le transport des marchandises qui seront échangées sur les côtes africaines contre des esclaves (textiles, armes à feu, alcool). Ceux-ci sont composés soit du butin de guerre de chefs locaux, soit de populations réunies par des Africains qui traitent avec les Européens.

Sur le bateau, les hommes sont séparés des femmes et des enfants. Enchaînés deux à deux par les pieds, et par les poignets s'ils résistent, ils vont effectuer une traversée de trois mois environ qui se déroule dans des conditions inhumaines vers l'Amérique. En Europe, c'est Liverpool en Angleterre qui totalise le plus grand nombre d'expéditions négrières : 4894 au total, plus que tous les ports français réunis. En pourcentage, l'Angleterre totalise 41 % de cet ignoble commerce, le Portugal 39 %, la France 13 %, la Hollande 5,7 %, le Danemark 1,2 %. Rio de Janeiro devient le premier port négrier des Amériques en 1790.

1788 — 4 février 1794 — 1802

L'abolition de l'esclavage

Dès le XVIIIe siècle, des voix s'élèvent un peu partout contre la traite des esclaves. À la veille de la Révolution, le député Brissot crée en 1788 la Société des amis des Noirs ; il souhaite abolir ce trafic inhumain. Dès 1782, Olympe de Gouges écrit une pièce de théâtre, ***Zamore et Mirza***, où elle dénonce l'esclavage des Noirs. Il lui faudra attendre sept ans avant qu'elle soit créée en décembre 1789 à la Comédie-Française sous le titre ***L'Esclavage des Nègres*** – ce qui ne n'empêche pas Olympe de Gouges d'être guillotinée le 3 novembre 1793, elle qui avait déclaré : « La femme a le droit de monter sur l'échafaud ; elle doit avoir également celui de monter à la Tribune. »

Le 4 février 1794, la Convention abolit l'esclavage. Il est, hélas, rétabli par Bonaparte en 1802, en Martinique seulement, mais le flou de la loi à l'époque conduit à son rétablissement dans toutes les colonies.

À son retour de l'île d'Elbe, Napoléon Ier fait publier un décret supprimant la traite des Noirs. Ce décret est transformé et confirmé par une ordonnance signée Louis XVIII en 1817. Mais une traite clandestine s'installe alors durablement. Il faut attendre 1848 et l'action déterminée de Victor Schœlcher, sous-secrétaire d'État à la Marine et aux Colonies, pour que soit définitivement adopté le décret sur l'abolition de l'esclavage dans les colonies. Signé le 27 avril par le ministre de la Marine, François Arago, il permet l'émancipation dans les deux mois qui suivent de plus de deux cent cinquante mille esclaves dans les colonies.

2 décembre 1851

Louis-Napoléon Bonaparte devient Napoléon III

Le 2 décembre 1851, Louis-Napoléon Bonaparte, dont le mandat de président de la République se termine l'année suivante, se garantit le pouvoir par un coup d'État. Le 3 décembre, dans les faubourgs, des députés crient : « Aux armes ! »

Des barricades s'érigent dans les boulevards. Le 4 décembre, la troupe investit les quartiers en révolte ; les affrontements font 1000 morts ou blessés ! En province, trente-deux départements sont mis en état de siège. Tout rentre peu à peu dans l'ordre, alors que 30000 arrestations ont été effectuées dans la France entière en quelques jours ! De nombreux opposants sont jugés, certains déportés. D'autres s'exilent. Victor Hugo, par exemple.

Le 6 janvier 1852, Louis-Napoléon fait supprimer la devise « Liberté, égalité, fraternité » ! Le 14 janvier, la Constitution est proclamée : le président possède seul l'initiative des lois. Le 16 février, la fête nationale est fixée au 15 août, anniversaire de la naissance de Napoléon le Grand. Le 17, des lois sont votées qui musellent la presse.

Dans un discours qu'il prononce à Bordeaux, le 9 octobre 1852, le prince-président affirme que, si l'Empire, ce fut la guerre, pour lui, l'Empire, c'est la paix. Le 16 octobre, il fait une entrée triomphale à Paris où il peut lire : « À Napoléon III, empereur, sauveur de la civilisation moderne. » Et c'est signé : « Les ouvriers reconnaissants » ! Le vote des 21 et 22 novembre rétablit l'Empire par 7900000 oui, contre 250000 non ! Le 2 décembre 1852, le prince-président Louis-Napoléon devient officiellement l'empereur Napoléon III.

La bataille de Camerone

Les 13 et 14 septembre 1854, pour limiter l'expansionnisme russe, les Français et les Anglais débarquent à Eupatoria, au nord de Sébastopol, où les Russes ont établi leurs défenses sur la rivière de l'Alma, en Crimée (presqu'île en mer Noire). Les Russes sont battus sur l'Alma le 19 septembre 1854 – Napoléon III décide de construire à Paris un pont portant ce nom, il est inauguré le 2 octobre 1856.

Le 8 septembre 1855, Mac-Mahon s'empare du fort de Malakoff qui défend la route de Sébastopol. La ville est évacuée par les Russes. Après un an de siège au cours duquel 100 000 Français sont tombés, elle se rend. De février à avril 1856, le traité de Paris, qui met un terme au conflit, est établi. L'Angleterre en est la grande bénéficiaire.

L'Empereur aide ensuite l'Italie à faire son unité : les Autrichiens qui en occupent le nord sont battus à Magenta et Solferino en 1859. Puis il décide de conquérir le Mexique pour y établir un grand empire catholique latin contrebalançant la toute-puissance protestante des États-Unis en guerre de Sécession (1861-1865).

Le 30 avril 1863, afin de protéger un convoi parti de Veracruz vers Mexico, un détachement de 60 légionnaires se sacrifie dans l'*hacienda* de Camerone, assailli par 3000 Mexicains. Maximilien de Habsbourg est envoyé sur place l'année suivante, avec Charlotte de Belgique. Ils y deviennent l'empereur et l'impératrice du Mexique. Mais le gouvernement de Benito Juárez reprend le pouvoir. Maximilien est fusillé le 19 juin 1867 à Querétaro, au nord-ouest de Mexico. Charlotte sombre dans la folie.

Le Paris d'Haussmann

Le baron Haussmann, préfet de la Seine de 1853 à 1870, veut donner à Paris un visage de ville ouverte et moderne. Les grands travaux qu'il entreprend font encore aujourd'hui de la capitale l'une des plus belles villes du monde. Les capitaux et les locomotives se mettent à circuler, à prendre de la vitesse... La France devient prospère. Les petites rues où poussent trop facilement les barricades sont supprimées. De larges et longues avenues sont créées, où l'on peut en cas de besoin, transporter rapidement l'artillerie nécessaire à mater les révoltes !

Ce n'est pas seulement cet objectif militaire qui commande la transformation de Paris. La ville du Moyen Âge est insalubre, beaucoup de maisons menacent de s'effondrer. Les rats pullulent un peu partout. Les égouts sont inefficaces. Tout cela va être transformé en dix-sept années de travaux gigantesques. Les grands axes est-ouest, nord-sud sont créés. En dix ans, des espaces verts apparaissent : le bois de Boulogne, le bois de Vincennes, les parcs Monceaux et Montsouris, les Buttes-Chaumont. Haussmann fait construire l'opéra par Garnier, le théâtre du Châtelet par Davioud, et les Halles par Baltard.

271 kilomètres d'aqueducs et 600 kilomètres d'égouts sont réalisés. Un vaste réseau de canalisations apporte l'eau et le gaz à tous les étages. Les rues sont éclairées.

Haussmann est bien mal récompensé de ses efforts : un pamphlet contribue à le faire destituer le 5 janvier 1870 !

La proclamation de la République

1870 : le 19 juillet, Napoléon III déclare la guerre à la Prusse, à la suite d'une dépêche qu'il a jugée insultante, envoyée par Guillaume Ier, mais légèrement modifiée par Bismarck, le chancelier allemand qui veut réaliser l'unité allemande. De plus, il n'a qu'une idée : obtenir l'Alsace et une partie de la Lorraine – celle qui contient les minerais de fer...

Le réseau de chemin de fer très développé en Allemagne permet aux Prussiens de se porter en très peu de temps sur le Rhin. L'armée française recule dès les premiers affrontements. Bazaine se laisse enfermer dans Metz. Le 31 août, l'armée qui vole au secours de Bazaine est encerclée à Sedan d'où, le 2 septembre, Napoléon III décide de sortir afin de se rendre. C'est un désastre !

Le dimanche 4 septembre, au lendemain de la défaite de Napoléon III contre les Prussiens à Sedan, c'est la liesse à Paris. La République est proclamée. Un gouvernement provisoire se choisit un président : le général Louis-Jules Trochu. Celui-ci accepte à condition que chacun de ses ministres se fasse le défenseur de la famille, de la propriété et de la religion. Il affirme alors posséder un « plan de défense » de la capitale contre les Prussiens.

Ne voyant rien s'organiser pour défendre leur ville, les Parisiens font du « plan Trochu » un sujet de plaisanterie, tel Victor Hugo qui ironise : « Trochu, participe passé du verbe Trop Choir. » En réalité, dans l'esprit du nouveau président, le seul plan qui soit applicable pour sauver la capitale, c'est la capitulation...

La Commune

Le 26 février est signé le traité de paix établi entre Thiers et Bismarck, le chancelier allemand : la France abandonne l'Alsace et une partie de la Lorraine ; elle doit payer une « indemnité » de guerre de 5 milliards de francs. Humiliation suprême : les Prussiens doivent entrer dans Paris le 1er mars !

Dans la capitale, les classes modestes se sont insurgées contre le gouvernement royaliste issu des élections. Elles décident de ne pas s'y soumettre et de résister jusqu'au bout aux Prussiens, en achetant des canons qui sont installés sur la butte Montmartre. Thiers ordonne à la troupe de s'emparer de ces canons, mais celle-ci fraternise avec le peuple. Les Parisiens créent, le 18 mars, le Comité central de la Commune, qui s'installe à l'Hôtel de Ville.

La Commune va durer 72 jours. Elle décide, entre autres, l'adoption du drapeau rouge, la séparation de l'Église et de l'État est votée, les jeux de hasard sont interdits, les maisons de tolérance sont fermées, la laïcité est proclamée, l'enseignement devient entièrement gratuit pour les garçons et pour les filles, le travail de nuit des boulangers est supprimé – mesure qui désole les Parisiens, qui adorent le pain frais... Mais, du 21 au 28 mai, les membres et partisans de la Commune de Paris, qui rêvaient de décentralisation afin que naissent dans toute la France d'autres communes autonomes rassemblées dans une grande fédération de la liberté, vont être écrasés, massacrés par la troupe lancée de Versailles contre eux par Thiers. Le bilan de cette semaine sanglante s'élève à plus de 30 000 morts.

L'amendement Wallon

Le 31 août 1871, les députés se déclarent Assemblée constituante et donnent le titre de président de la République à Adolphe Thiers qui, devenu trop républicain pour l'Assemblée, doit démissionner le 24 mai 1873. Élu par les monarchistes, le nouveau président de la République, Mac-Mahon, est légitimiste. Il promet le retour à l'ordre moral. Les monarchistes espèrent que le comte de Chambord va se décider à occuper le trône qui l'attend. Mais, le 23 octobre 1873, le comte de Chambord – Henri V, le fils du duc de Berry assassiné – annonce la couleur : si on veut de lui, il faudra adopter le drapeau blanc au lieu du drapeau tricolore.

Il n'y aura pas d'Henri V, et Mac-Mahon, président de la République depuis le mois de mai, inaugure le premier septennat présidentiel – mais démissionnera en janvier 1879. Il sera remplacé par le républicain Jules Grévy. Le 30 janvier 1875 : un amendement voté par l'Assemblée sur la proposition d'un député modéré, Henri-Alexandre Wallon, introduit pour la première fois le mot « République » dans les lois constitutionnelles. De plus, il précise quelles seront les deux chambres : celle des députés et le Sénat.

Le 28 mars 1882 : sous l'impulsion de Jules Ferry, l'instruction primaire devient obligatoire et laïque dans les écoles publiques, de six à treize ans. Les instituteurs devront y dispenser une instruction morale et civique. En dehors du dimanche, un jour de congé est prévu – le jeudi – afin d'assurer l'enseignement religieux qui doit être prodigué en dehors des édifices scolaires publics.

L'affaire Dreyfus

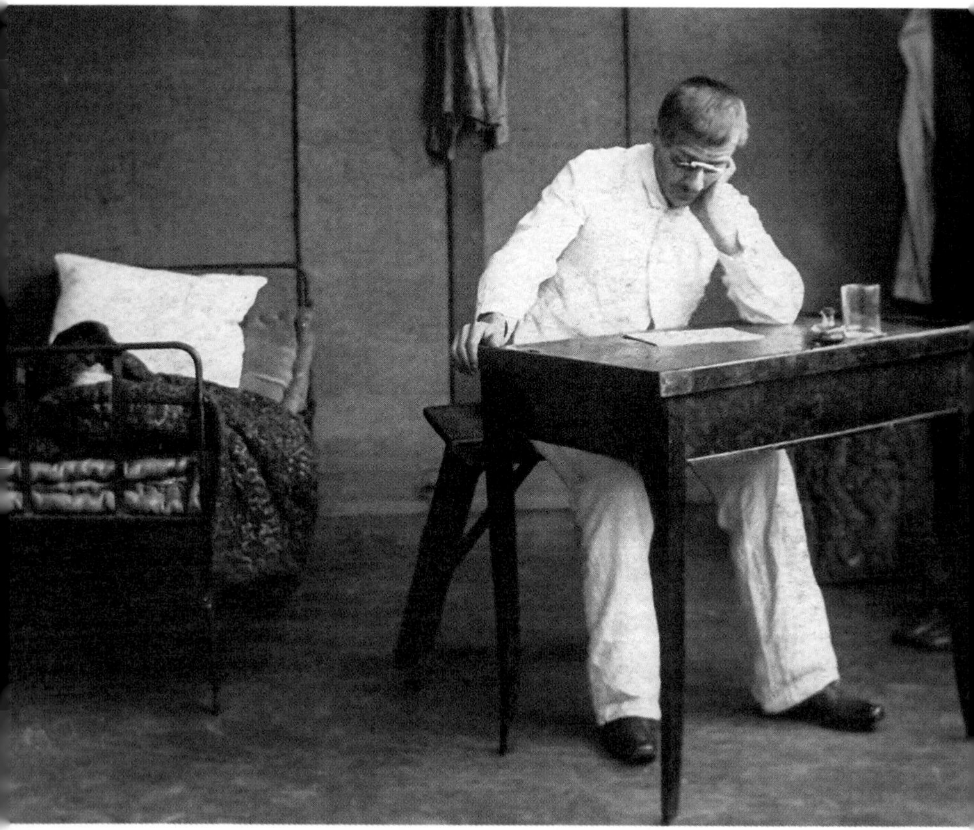

La perte de l'Alsace et d'une partie de la Lorraine n'a jamais été acceptée. Dans ce contexte est découvert, dans une corbeille à papier de l'ambassade d'Allemagne, un bordereau rédigé par un officier français, annonçant l'envoi de documents confidentiels à l'attaché militaire allemand.

Le général Mercier accuse aussitôt le capitaine Dreyfus, dont il dit avoir reconnu l'écriture. Le 15 octobre 1894, Alfred Dreyfus est arrêté et écroué. Le conseil de guerre le déclare coupable en s'appuyant sur de fausses preuves fournies par le général Mercier. Innocent, il est pourtant condamné à la dégradation militaire et à la déportation à perpétuité. Le 21 janvier 1895, il embarque pour l'île du Diable, en Guyane.

C'est alors que le colonel Picquart, officier des renseignements, découvre le vrai coupable : un officier d'origine hongroise, Esterhazy. Le 10 janvier 1898, Esterhazy passe devant le conseil de guerre... qui l'acquitte ! Dreyfusards – toute la gauche radicale, les socialistes – et anti-dreyfusards – la droite nationaliste, antisémite (Alfred Dreyfus est juif) – s'affrontent.

Le 13 janvier 1898, Émile Zola publie dans le journal *L'Aurore* une lettre ouverte au président de la République, intitulée – par Clemenceau – « J'accuse ». De nouvelles fausses preuves de culpabilité sont alors fournies, et le 18 juillet, la condamnation est confirmée ! Mais bientôt, la vérité est découverte. Le colonel Henry, qui a fabriqué les faux, se suicide. Dreyfus est rejugé, son innocence est reconnue. Son acquittement complet n'interviendra que le 12 juillet 1906.

1er juillet 1901 — 4 juin 1902

La loi sur la séparation des Églises et de l'État

Les suites de l'affaire Dreyfus vont donner l'avantage à un gouvernement de défense républicaine. Pierre Waldeck-Rousseau devient président du Conseil. En octobre 1900, il prononce à Toulouse un discours où il dénonce les moines d'affaires, il montre du doigt les religieux congrégationnistes. Un pas de plus est franchi le 1er juillet 1901. Une loi sur les associations est votée. Elle précise que, pour ce qui concerne les congrégations religieuses, la demande doit être adressée au ministère de l'Intérieur, qui transmet le dossier au Conseil d'État. Le barrage est prêt à fonctionner !

Le 4 juin 1902, Waldeck-Rousseau est remplacé par le plus radical des radicaux : Émile Combes, pris d'une sorte de frénésie vengeresse contre le goupillon ! Il prend pour levier la loi de 1901 et fait basculer dans l'illégalité des centaines de congrégations non autorisées. En 1904, une loi est votée qui interdit d'enseignement les membres des congrégations.

Combes est remplacé par Aristide Briand. Il va apaiser les esprits et faire voter la loi sur la séparation des Églises et de l'État le 9 décembre 1905. Désormais, la République assure la liberté de conscience, garantit le libre exercice des cultes, mais n'en reconnaît ni n'en subventionne aucun. La laïcité à la française est née.

Les biens détenus par les Églises deviennent la propriété de l'État, qui se réserve le droit de les mettre à la disposition des associations cultuelles, qui pourront en disposer gratuitement. La république des radicaux a donc réussi à créer les conditions nécessaires à un changement profond des mentalités.

L'Allemagne déclare la guerre à la France

Le 28 juin 1914, l'archiduc héritier d'Autriche-Hongrie, François-Ferdinand, et son épouse, la duchesse de Hohenberg, sont assassinés au cours d'un voyage qu'ils effectuent à Sarajevo. Aussitôt, c'est l'engrenage. Le 30 juillet, afin de défendre son alliée serbe, le tsar donne l'ordre de mobilisation générale. L'Allemagne lance alors un ultimatum à la Russie. Le 1er août, l'ultimatum est rejeté, l'Autriche déclare la guerre à la Russie. Le même jour, le tocsin sonne partout en France pour annoncer la mobilisation générale. Le lendemain, 3 août, l'Allemagne déclare la guerre à la France. Le 4 août, les armées allemandes envahissent la Belgique et déferlent sur la France. Le 12 septembre, la contre-offensive lancée par Joffre parvient à arrêter l'avance allemande sur les bords de la Marne, à 50 km de Paris. Les taxis parisiens – rebaptisés taxis de la Marne –, réquisitionnés pour le transport des troupes, contribuent à cette victoire.

La course à la mer qui a commencé le 18 septembre s'arrête le 15 novembre. La ligne de front est stabilisée. Les soldats, de part et d'autre, creusent des tranchées. La guerre de mouvement devient guerre de position. En 1915, les Français lancent, en Champagne, du 15 février au 18 mars, une offensive qui échoue. Du 9 au 18 juin, des offensives alliées, très coûteuses en vies humaines, sont lancées en Artois, en vain.

Sur le front de l'Orient, les alliés tentent en février 1915 une expédition dans les Dardanelles pour prendre Istanbul. Le 23 mai, l'Italie entre en guerre aux côtés des alliés.

Le début de la bataille de Verdun

Le 21 février 1916 commence la bataille de Verdun : le général allemand Falkenhayn a décidé de saigner à blanc l'armée française. Le 25 février, les Allemands s'emparent du fort de Douaumont. Pétain organise les attaques de sorte que de nouveaux effectifs se succèdent régulièrement en première ligne, transportés par des camions sur une route devenue la Voie sacrée.

Le 12 juillet 1917 est utilisée l'ypérite, gaz plus dévastateur que celui employé en 1915. Le 1er juillet, Joffre lance la grande offensive de la Somme. Français et Anglais – qui vont employer pour la première fois les chars d'assaut – tentent de faire reculer les Allemands. Le 18 novembre, l'offensive qui a fait 1200000 morts ou blessés – Français, Britanniques et Allemands – a permis aux alliés d'avancer de 10 km. Entre le 15 et le 25 décembre, la bataille de Verdun commencée en février se termine.

Le bilan est terrible : plus de 700000 morts, blessés ou disparus pour l'ensemble des combattants. Le front n'ayant pas bougé, le général Nivelle lance, le 16 avril 1917, une offensive qu'il espère décisive entre Cerny-en-Laonnois et Craonne, sur le Chemin des Dames, et qui fait près de 300000 morts en 6 semaines, sans résultat. Cette inutile boucherie provoque des mutineries dans les rangs des soldats, durement réprimées. Clemenceau, appelé par Poincaré, soutient le moral des troupes et acquiert le surnom de Père la Victoire. En juin, les troupes américaines débarquent dans les grands ports français.

La contre-attaque alliée est lancée

Le 21 mars 1918, les Allemands lancent une offensive qu'ils espèrent décisive en Picardie. Leur avancée est telle qu'ils menacent la coordination des troupes alliées. Les 24 et 25 mars, ils atteignent la Somme. Ils commencent à bombarder la capitale avec des canons lançant d'énormes obus de 220 mm longue portée – l'un de ces canons est surnommé la Grosse Bertha par les Parisiens, du prénom de la fille du fabricant : Krupp. Le 29 mars, la Grosse Bertha envoie sur le toit de l'église Saint-Gervais un obus qui crève le plafond et éclate parmi les fidèles. Le bilan est terrible : quatre-vingt-onze morts, des dizaines de blessés ! Les bombardements se poursuivent jusqu'au 16 septembre ; ils font plusieurs centaines de morts.

Les Allemands accumulent les victoires. Du 27 au 30 mai, ils déclenchent une nouvelle offensive du Chemin des Dames. Ils atteignent la Marne, à soixante kilomètres de Paris ! Le 30, ils surprennent Foch – nommé généralissime des armées alliées le 26 mars – et font 60 000 prisonniers ! Mais le 18 juillet 1918, la contre-attaque alliée est lancée. Six cents avions, mille chars – des Renault, maniables, moins massifs que les premiers, dont le réservoir d'essence était situé à l'avant… – vont soutenir l'attaque.

Un million d'Américains sont présents aux côtés des Anglais, des Français et de tous ceux qui sont venus des colonies, depuis 1914, prêter main forte à la métropole. Les Allemands, menacés d'encerclement, reculent. Ils vont se retrouver à la fin du mois d'août, à leur point de départ, la ligne Hindenburg. C'est la déroute.

La signature de l'armistice

Les alliés conduisent en Artois une dernière offensive victorieuse. L'armistice est signé le 11 novembre, à six heures du matin, dans le wagon du maréchal Foch, qui est stationné dans la clairière de Rethondes, près de Compiègne. Le cessez-le-feu est appliqué à onze heures. Les cloches se mettent à sonner partout en France. La joie domine sans doute, mais pour les femmes qui ont perdu leur mari, pour les pères et mères dont les fils ne reviendront pas, la victoire est celle des larmes, de la douleur, sans fin, et de l'absence de réponse à cette question : pourquoi ?

Le 28 juin 1919, le traité de Versailles est signé. L'Alsace et la Moselle sont restituées à la France. Les alliés occuperont la rive gauche du Rhin pendant quinze ans. L'Allemagne – jugée responsable – devra acquitter des réparations financières. L'Empire austro-hongrois laisse la place à deux États de dimension modeste : l'Autriche et la Hongrie. De nouveaux États apparaissent : la Tchécoslovaquie, la Yougoslavie. La Roumanie s'agrandit. La Pologne redevient indépendante. L'économie est détruite.

Pourtant, la vie va reprendre son cours. Aux élections de 1919, la majorité se situe à droite et au centre. Le Bloc national qui en est issu est appelé la Chambre bleu horizon, par allusion à la couleur de l'uniforme qu'ont porté presque tous les députés. En 1924, le bilan économique de la Chambre bleu horizon, le Bloc national, élue au lendemain de la guerre, n'étant guère positif, les électeurs le remplacent par le cartel des gauches.

Le redressement financier

En 1926, la situation financière est désastreuse. Raymond Poincaré, président du Conseil à partir du 23 juillet 1926, forme un gouvernement d'Union nationale qui s'appuie sur les radicaux et les centristes. Sa recette pour soigner la monnaie défaillante : la baisse des dépenses de l'État et l'augmentation des impôts indirects. Il réussit à enrayer la chute du franc, qui ressort dévalué de quatre-vingts pour cent par rapport à sa valeur de 1914, ce qui donne un fameux coup de fouet aux exportations ! Le franc stabilisé, la croissance repart, la vie des Français s'améliore peu à peu.

Pendant ce temps, Aristide Briand, infatigable ministre des Affaires étrangères, signe en 1928 le pacte Briand-Kellogg – Kellogg est le secrétaire d'État américain – qui met la guerre hors-la-loi. En août 1929, un allègement de 70 % des réparations dues par l'Allemagne est accepté à la conférence de La Haye.

En 1930, les alliés évacuent la Rhénanie. Finalement, tout irait pour le mieux dans le meilleur des « entre deux guerres » possibles, en cette année 1929, mais Poincaré, malade, démissionne ; par ailleurs, à New York, la bourse va s'effondrer !

Poincaré absent, la situation devient confuse. André Tardieu, président du Conseil, et Pierre Laval, ministre du Travail, stabilisent le centre droit. Cette stabilisation permet de voter une importante loi sur les assurances sociales – préparée par Poincaré : tous les salariés devront être immatriculés au régime obligatoire, dont le financement est assuré par l'employeur et l'employé.

La signature des accords de Matignon

L'instabilité ministérielle conduit à l'émergence d'idéologies d'extrême droite. La gauche va alors s'unir pour former un front commun, le Front populaire. En 1936, une immense vague d'espoir est suscitée par les élections du 3 mai, qui donnent la victoire aux forces de la gauche. Près de 2 millions d'ouvriers se mettent en grève afin de créer la pression nécessaire pour que soient prises des décisions en leur faveur.

Les 7 et 8 juin 1936, à la demande de Léon Blum, des négociations s'ouvrent entre le patronat et la CGT. Le 8 juin, les accords de Matignon sont signés, entérinés par les lois votées pendant l'été 1936. Ces accords prévoient l'augmentation de 7 à 15 % des salaires, 40 heures de travail hebdomadaire – au lieu de 48 ; l'État prend le contrôle de la Banque de France ; les industries de l'armement sont nationalisées ; la liberté syndicale est acquise ; et 15 jours de congés payés sont accordés.

On répare les routes, on les couvre d'asphalte, le Touring club de France fait implanter des panneaux indicateurs, les panneaux Michelin. On multiplie la signalisation routière. L'épicerie héberge des pompes à essence (à bras). Les premiers garages apparaissent pour réparer les mécaniques fatiguées, remplacer les pneus fragiles. À la ruée vers la mer et la campagne s'associe le moyen le plus pratique et le plus rapide pour héberger une petite famille ou un couple d'amoureux : la tente de camping. On l'installe n'importe où, sans souci de sécurité ou de salubrité, c'est la période la plus sauvage du camping.

15 mars 1939

3 septembre 1939

La France déclare la guerre à l'Allemagne

Le fascisme se développe en Allemagne avec Hitler, en Italie avec Mussolini. L'Espagne de Franco bénéficie de leur soutien. L'Europe s'achemine à grands pas vers un nouveau conflit que ne voient pas venir ceux qui apprennent la signature des accords de Munich le 30 septembre 1938. Mais, dès le 15 mars 1939, Prague est occupée par les Allemands. La Pologne, avec laquelle l'Angleterre a signé un traité d'alliance, est envahie le 1er septembre. Le 3 septembre, l'Angleterre et la France déclarent la guerre à l'Allemagne.

Après une période d'attente – la drôle de guerre –, l'offensive allemande est lancée le 10 mai 1940 en Belgique et dans les Ardennes. Fin mai, les soldats franco-britanniques sont encerclés. La plupart d'entre eux sont évacués à partir de Dunkerque vers l'Angleterre – ceux qui restent sont faits prisonniers par les Allemands.

Les troupes d'Hitler entrent dans Paris. Sur les routes de France, c'est l'exode des populations du nord, de Paris et de sa région. Le 17 juin, le maréchal Pétain, rappelé aux affaires à quatre-vingt-quatre ans, demande l'armistice aux Allemands. Le 18 juin 1940, pendant qu'Hitler visite Paris, le général de Gaulle s'est rendu à Londres, où il va retrouver Winston Churchill. Apprenant que l'armistice a été demandé par Pétain, il lance, de la BBC, la radio anglaise, un premier appel à tous les Français, dans la soirée du 18 juin. La formule-choc « La France a perdu une bataille ! Mais la France n'a pas perdu la guerre ! » encourage la naissance des mouvements de résistance à l'occupant.

La rafle du Vél d'Hiv

Dès le 3 octobre 1940, un statut des Juifs est élaboré par les autorités françaises de Vichy. Le 29 mai 1941, un Comité général aux questions juives est créé (le CGQJ). Non seulement toutes les professions sont interdites aux Juifs, mais leurs biens sont confisqués. Le 7 juin 1942, en zone occupée, tous les Juifs de plus de six ans doivent porter une étoile jaune – déjà portée par les Juifs en Allemagne depuis le 1er septembre 1941. Le 16 juillet 1942, 7 000 policiers français pénètrent chez les Juifs de la zone occupée, procédant à leur arrestation. Cette opération, qui se répète le 17 juillet – Vent printanier –, décidée par le chef du gouvernement Pierre Laval et René Bousquet, secrétaire général de la police, va se poursuivre jusqu'au 30 juillet. Des dizaines de milliers d'hommes, de femmes et d'enfants sont conduits au Vél d'Hiv, puis Drancy, point de départ vers les camps de la mort. 100 000 Juifs quitteront ainsi le sol français pour mourir dans les camps d'extermination. 6 millions de Juifs ont été exterminés par les nazis pendant la Seconde Guerre mondiale.

En 1943, les mouvements de résistance reconnaissent peu à peu le général de Gaulle pour chef de la France libre. Jean Moulin, chargé par de Gaulle d'unifier tous ces mouvements, crée le Conseil national de la résistance. Mais, le 21 juin, il est arrêté par la Gestapo à Caluire-et-Cuire. Torturé à Lyon, il meurt peu de temps après, sans avoir parlé. Le 27 octobre, le général de Gaulle devient le seul chef du gouvernement provisoire de la République française.

Les alliés débarquent en Normandie

Le 6 juin 1944, l'opération Overlord commence sur les plages de Normandie. 650 000 soldats vont débarquer entre Sainte-Mère-Église et Ouistreham, sous le feu nourri des Allemands. C'est la plus formidable opération militaire de tous les temps ! Le 10 juin, 642 habitants, dont 217 enfants, d'Oradour-sur-Glane, en Haute-Vienne, sont massacrés par des éléments de la division Das Reich. Le 7 juillet, l'ancien ministre de l'Intérieur de Paul Reynaud, Georges Mandel, est assassiné par des miliciens en forêt de Fontainebleau. Du 21 au 23 juillet, le maquis du Vercors est encerclé puis attaqué par les soldats de la Wehrmacht, qui s'en rendent maîtres. 650 maquisards sont tués. Plus de 200 civils sont assassinés à Vassieux et à La Chapelle-en-Vercors.

Le 15 août, les alliés ont débarqué en Provence. Du 18 au 25 août 1944, après quatre années d'occupation par les troupes allemandes, Paris est libérée par le général Leclerc. Le 26 août, le général de Gaulle, chef du Gouvernement provisoire, descend les Champs-Élysées, acclamé par la foule. La veille, il a prononcé à l'Hôtel de Ville un discours dont voici l'extrait le plus célèbre : « Paris outragé ! Paris brisé ! Paris martyrisé ! Mais Paris libéré ! » Paris libéré, certes, mais la guerre se poursuit. Les Allemands lancent depuis la Poméranie des fusées V2 qui atteignent la Grande-Bretagne. Le 23 novembre, le général Leclerc entre dans Strasbourg. Berlin est bombardée le 3 février 1945. Les 13 et 14 février, Dresde est presque rayée de la carte. Le lundi 30 avril, dans son bunker de Berlin, Hitler et Eva Braun, sa compagne, se suicident. Enfin, le 8 mai 1945, le maréchal Keitel signe l'acte de la capitulation définitive du IIIe Reich !

La CECA, les prémices de l'Europe

Élu chef du gouvernement, le général de Gaulle, n'obtenant pas une Constitution qui accroisse ses pouvoirs, démissionne le 20 janvier 1946. Le 13 octobre, les Français adoptent la Constitution de la IVe République par référendum – le Parlement y assure la souveraineté populaire, ce qui conduit au renforcement des partis.

Le 18 avril 1951 est créée la Communauté européenne du charbon et de l'acier. À partir de 1945, Jean Monnet, né le 9 novembre 1888 à Cognac, dans une famille de négociants en cognac, œuvre pour la reconstruction de la France ruinée par la guerre. Son ambitieux objectif – retrouver puis dépasser le niveau de production national de 1938 en deux ans – est atteint grâce à une habile utilisation du plan Marshall. En 1950, persuadé que d'éventuels conflits futurs ne peuvent être évités que si la France et l'Allemagne font partie du même camp, il agit en accord avec Robert Schuman pour qu'apparaissent les premières bases concrètes d'une fédération européenne. Ainsi naît la Communauté européenne du charbon et de l'acier (CECA).

Aujourd'hui, l'Union européenne rassemble 27 États membres (depuis le Brexit, en 2020) : Allemagne, Autriche, Belgique, Bulgarie, Chypre, Croatie, Danemark, Espagne, Estonie, Finlande, France, Grèce, Hongrie, Irlande, Italie, Lettonie, Lituanie, Luxembourg, Malte, Pays-Bas, Pologne, Portugal, République tchèque, Roumanie, Slovaquie, Slovénie et Suède. Jean Monnet – reconnu père de l'Europe – est mort le 16 mars 1979, à quatre-vingt-onze ans. Ses cendres sont transférées au Panthéon en 1988.

Diên Biên Phu

En Indochine, un homme politique formé au communisme en France, Ho-Chi-Minh, crée dans son pays un front de résistance au colonialisme : le Vietminh. Il proclame l'indépendance du Vietnam à Hanoi en 1945. Les responsables politiques, en France, hésitent sur l'attitude à adopter, certains préférant la négociation à l'affrontement. Celui-ci intervient cependant sous la forme du bombardement d'Haïphong, le 23 novembre 1946. Ho-Chi-Minh prend le maquis. La guerre d'Indochine commence le 19 décembre suivant.

Après 1949, la Chine communiste vient en aide aux Vietnamiens. L'armée française subit de nombreux revers. Cette guerre apparaît alors comme le double fer de lance de la guerre froide – les États-Unis venant en aide à la France. En janvier 1954, plus de 12000 soldats français sont encerclés par le Vietminh dans la plaine de Diên Biên Phu. Ils se rendent le 7 mai 1954. Sur les douze mille hommes, cinq mille sont morts, cinq mille autres, prisonniers, mourront dans les semaines qui suivront.

C'est alors que Pierre Mendès France, élu président du Conseil le 18 juin 1954, et convaincu de la nécessité de la décolonisation, parvient en un mois à la signature des accords de Genève.

Le Vietnam est partagé en deux par le 17e parallèle : au nord, la République démocratique, de régime communiste, et au sud, un régime proaméricain. Les États-Unis prennent la relève de la France. Le Laos et le Cambodge deviennent indépendants. Le 5 février 1955, après s'être fréquemment opposé au Parlement, Mendès France démissionne.

De Gaulle à Alger : « Je vous ai compris »

Le 1er novembre 1954, des Algériens créent un Front de libération nationale – le FLN – et réclament l'indépendance de leur pays en effectuant une série d'attentats.

Le gouvernement de Pierre Mendès France – François Mitterrand étant ministre de l'Intérieur – prend des mesures de sécurité et propose des réformes. Mais, entre le 20 et le 31 août 1955, le FLN de la région du nord de Constantine attaque une trentaine de centres européens. Il y a 123 morts – dont 71 Européens.

La terrible répression qui succède à ces actions crée la rupture entre les Européens et les Algériens. Quatre ans plus tard, le 8 février 1958, le village de Sakiet Sidi Youssef, en Tunisie, est bombardé par l'aviation française, en représailles contre les raids du FLN. Le 13 mai, une manifestation d'étudiants menée par Pierre Lagaillarde aboutit au gouvernement général, où un Comité de salut public est créé, présidé par le général Massu. Le soir même, le général Salan déclare qu'il prend en main les destinées de l'Algérie française.

Le 4 juin 1958, sur le forum d'Alger, la foule assiste au discours du général de Gaulle. Son célèbre « Je vous ai compris » soulève un enthousiasme modéré d'abord, chacun se demandant ce qu'il faut entendre sous cette formule. Mais le discours s'oriente vers l'idée de fraternisation, et de Gaulle termine son intervention sous de généreuses acclamations. Le 16 septembre 1959, le général de Gaulle propose l'autodétermination aux Algériens, c'est-à-dire le droit de décider de leur avenir. Les Européens manifestent leur opposition au projet.

La Ve République : place au président !

Charles de Gaulle fait préparer par Michel Debré, ministre de la Justice, une nouvelle Constitution qui est présentée publiquement le 4 septembre 1958. Soumise aux Français par référendum, elle est massivement approuvée – 79,26 % de oui. La Ve République vient de voir le jour !

La nouvelle Constitution accorde au président de la République une place importante. Il est élu pour sept ans, par un collège de quatre-vingt mille grands électeurs – l'élection au suffrage universel sera décidée plus tard, par référendum, le 28 octobre 1962 : 61,75 % de oui. Cette constitution précise que le président peut dissoudre l'Assemblée nationale, soumettre aux Français certains projets de loi au moyen du référendum, et détenir les pleins pouvoirs en cas de menace exceptionnelle.

Le président nomme tous les ministres à la tête desquels on ne trouve plus le président du Conseil, mais le Premier ministre. L'Assemblée nationale, qui vote les lois, peut contrôler le gouvernement par des motions de censure ou par la question de confiance. Le gouvernement dispose, lui, d'un article de la Constitution lui permettant d'engager sa responsabilité si l'Assemblée est réticente : le 49.3. Les députés peuvent alors voter une motion de censure, et ainsi de suite... Pour l'Algérie, De Gaulle propose l'autodétermination. Pierre Lagaillarde, député d'Alger-Ville, s'y oppose. Un référendum a lieu le 8 janvier 1961. Le oui l'emporte avec 75 % des suffrages. Pierre Lagaillarde s'enfuit en Espagne, où il rejoint Salan avec qui il fonde l'OAS (Organisation armée secrète).

Les accords d'Évian sont signés

Le 18 mars 1962, l'Algérie devient indépendante. Six mois auparavant, le 17 octobre 1961, le FLN appelle les Algériens de Paris à protester contre le couvre-feu qui leur est imposé à partir de 20 h. Dirigée par le préfet Maurice Papon, la répression provoque officiellement la mort d'une centaine de manifestants, en réalité, bien davantage.

Le 8 février 1962, une manifestation communiste est organisée contre l'OAS : elle est réprimée avec violence par la police au métro Charonne. Le bilan est lourd : 200 blessés et 8 morts aux obsèques desquels assistent 500000 personnes. Au lendemain des accords d'Évian, le 18 mars, le cessez-le-feu est proclamé en Algérie à midi. Un million d'Européens, préférant la valise au cercueil, gagnent la France, ainsi que 100000 harkis – Algériens au service de la France –, dont le rapatriement était interdit par le gouvernement.

À la veille de l'indépendance, le FLN promet de ne pas exercer de représailles contre eux. Personne n'est dupe : les harkis sont en danger de torture et de mort. Les officiers reçoivent l'ordre de les désarmer. Leur embarquement pour la France est formellement interdit ! Cependant, des officiers français vont braver ces ordres. C'est ainsi que des milliers de harkis vont arriver en France, représentant au total, avec leur famille et leurs proches, un groupe d'environ 100000 personnes. Ceux qui restent en Algérie vont subir une vengeance terrible pendant les semaines qui suivent le cessez-le-feu. Plus de 50000 d'entre eux sont massacrés.

Mai 68

L'heure est à la remise en cause d'une société dite de consommation, d'asservissement et d'inégalité, dans un climat qui donne l'illusion d'une rapide conquête des toutes les libertés. Dans la nuit du 10 au 11 mai 1968, des barricades s'élèvent dans le Quartier latin, des voitures sont incendiées, les affrontements entre les étudiants et les forces de l'ordre font plus de 1000 blessés. Bientôt, les syndicats ouvriers rejoignent le mouvement étudiant. Le 13 mai, une manifestation gigantesque rassemble 900 000 personnes qui défilent de la République à Denfert-Rochereau. En tête, notamment : Mendès France, Mitterrand, Waldeck-Rochet – secrétaire général du parti communiste –, Sauvageot, Geismar et Cohn-Bendit... De Gaulle déclare alors, le 19 mai : « La réforme, oui, la chienlit, non ! » Georges Pompidou tente de calmer les esprits en signant les accords de Grenelle qui relèvent le SMIG, réduisent la durée du travail pour ceux qui font plus de 48 heures par semaine. Mais le climat demeure tendu. Le 29 mai 1968, le général de Gaulle s'envole pour Baden-Baden, où sont stationnées les Forces françaises d'Allemagne (les FFA). Le lendemain, de Gaulle est de retour. À la radio, il annonce fermement : « Je ne me retirerai pas ! » et le soir, un million de personnes se rassemblent sur les Champs-Élysées pour le soutenir. Il dissout l'Assemblée, annonce des élections qui se déroulent les 23 et 30 juin. Les candidats gaullistes triomphent. Le 27 avril 1969, le non l'ayant emporté au référendum permettant la décentralisation, le général de Gaulle se retire du pouvoir. Le 15 juin, Georges Pompidou est élu président.

La fin des Trente Glorieuses

Du 6 au 25 octobre 1973 se déroule la guerre du Kippour, qui oppose une coalition menée par la Syrie et l'Égypte contre l'État d'Israël, qui termine victorieux. Le pétrole augmente alors de façon considérable. C'est le premier choc pétrolier. En 1973 se situe la fin d'une période de trente années de croissance – 1945 à 1973 – que l'économiste Jean Fourastié appelle les « Trente Glorieuses ». Georges Pompidou meurt le 2 avril d'un cancer du sang.

Le 19 mai, Valéry Giscard d'Estaing est élu président avec 50,8 %, contre 49,2 pour François Mitterrand. Le 26 novembre 1974, Simone Veil – déportée à Auschwitz avec sa mère qui y mourra ainsi que l'une de ses sœurs –, ministre de la Santé du gouvernement Chirac, présente devant les députés son projet de loi sur l'avortement, promulguée le 17 janvier 1975. Elle devient ensuite la première présidente du Parlement européen, jusqu'en 1982. Ministre d'État de 1993 à 1995, elle prend en charge les Affaires sociales, la Santé et la Ville.

Le 5 juillet 1974, la majorité est abaissée à dix-huit ans ; le 5 janvier 1975, l'ORTF – Office de radiodiffusion-télévision française – éclate en trois chaînes publiques. Les réformes économiques et sociales peinent à se mettre en place. Jacques Chirac est remplacé par Raymond Barre, professeur d'économie. En 1979, après le deuxième choc pétrolier, Raymond Barre lance la chasse au gaspi afin de limiter les importations de pétrole. La France compte 1,5 million de chômeurs, et l'inflation s'élève à près de 14 % par an.

François Mitterrand président

Le 10 mai 1981, François Mitterrand est élu président de la République avec 51,75 % des suffrages exprimés. Le 21 juin – jour de la première fête de la Musique, imaginée par Jack Lang –, les socialistes obtiennent une large majorité aux élections législatives. Le 23 juin, quatre ministres communistes sont nommés dans le gouvernement du Premier ministre Pierre Mauroy. Les 18 et 30 septembre, la loi pour l'abolition de la peine de mort, proposée par Robert Badinter, est votée par l'Assemblée nationale, puis par le Sénat. Le 13 janvier 1982, le conseil des ministres approuve l'ordonnance instituant la semaine de 39 heures et la 5e semaine de congés payés. L'âge de la retraite est fixé à 60 ans.

En mars 1984, à Versailles, plus d'un million de personnes défilent contre la nationalisation de l'enseignement privé. En mars 1986, les élections législatives étant remportées par la droite, le président de la République nomme Jacques Chirac Premier ministre. Ainsi commence la première expérience de cohabitation de la Ve République.

Le 8 mai 1988, François Mitterrand est réélu président de la République avec 54,01 % des voix contre 45,09 % à Jacques Chirac. Michel Rocard, qui incarne une « deuxième gauche » plutôt décentralisatrice et autogestionnaire, est nommé Premier ministre. Son gouvernement apaise la situation en Nouvelle-Calédonie, crée le RMI et la CSG, rétablit l'impôt sur la fortune. Après la démission de celui-ci, Édith Cresson devient le 25 mai 1991 la première femme à occuper le rôle de chef du gouvernement.

7 mai 1995

Jacques Chirac réélu avec 82,21 % des voix

Le 7 mai 1995, les Français élisent Jacques Chirac président de la République avec 52,64 % des voix, contre 47,36 % à Lionel Jospin. Le 18 mai, Alain Juppé est nommé Premier ministre. En 1997, Jacques Chirac ayant décidé de dissoudre l'Assemblée nationale, une troisième cohabitation se met en place après la victoire de la gauche aux élections législatives le 1er juin : Lionel Jospin est nommé Premier ministre le 4 juin.

Le 10 février 1998, le projet de loi de Martine Aubry sur les 35 heures de travail par semaine est adopté par l'Assemblée. Le 5 mai 2002, au terme d'un deuxième tour inattendu entre Jacques Chirac et Jean-Marie Le Pen, les Français réélisent Jacques Chirac avec 82,21 % des suffrages exprimés. Le 6 mai, Jean-Pierre Raffarin devient Premier ministre. Le 21 août 2003, la loi portant sur la réforme des retraites est votée. Jusqu'en 2008, salariés et non-salariés doivent passer de 37,5 années de cotisations à 40 années, à raison de deux trimestres par année, soit 160 trimestres pour les assurés nés en 1948. Jusqu'en 2012, l'allongement de la durée d'assurance se fait à raison d'un trimestre par an, afin d'atteindre 41 ans, soit 164 trimestres pour ceux qui sont nés en 1952. Huit ans plus tard, le relèvement progressif de l'âge légal de départ à la retraite (de 60 à 62 ans) provoque de nombreuses manifestations.

Le 29 mai 2005, par référendum, les Français disent non au projet de Constitution européenne. Le 31 mai, Jean-Pierre Raffarin démissionne. Il est remplacé par Dominique de Villepin.

Le début de la crise financière

Le dimanche 6 mai 2007, Nicolas Sarkozy est élu président de la République avec 53,06 % des voix exprimées, contre 46,94 % pour Ségolène Royal. Le 17 mai, il nomme François Fillon Premier ministre. Après le deuxième tour des élections législatives, le 17 juin 2007, l'Assemblée nationale compte 55,5 % de députés UMP ou apparentés, les partis de gauche se répartissant dans la presque totalité des 44,5 % restants. Le 14 septembre 2008 commence la crise financière.

En amont de la crise, on trouve l'affaire des *subprimes* – prêts immobiliers à risque – aux États-Unis, à la fin de 2006, affaire qui éclate en février 2007. Les emprunteurs aux revenus modestes ayant bénéficié de ces prêts devenant insolvables, c'est toute une partie de l'édifice bancaire qui s'écroule et crée une onde de choc mondiale aux multiples remous dévastateurs.

Le 14 septembre 2008, plusieurs banques américaines entrent en cessation de paiement. La crise financière devient mondiale. Fin 2008, le président Sarkozy annonce un plan de relance destiné aux petites et moyennes entreprises (les PME). Le chômage se stabilise, la croissance progresse timidement. Au début de 2010, survient, dans la zone euro, la crise de la dette. La monnaie européenne subit les effets de la déstabilisation des quatre années précédentes, période pendant laquelle les États doivent intervenir pour sauver de nombreuses banques et éviter ainsi une crise systémique. Ces interventions provoquent une augmentation importante des dettes publiques.

6 mai 2012

Les attentats terroristes font 130 morts, 413 blessés

Le 6 mai 2012, François Hollande devient le 24e président de la République française avec 51,64 % des suffrages exprimés. Le 15 mai, Jean-Marc Ayrault est nommé Premier ministre. Les 10 et 17 juin se déroulent les élections législatives au terme desquelles la majorité présidentielle obtient, avec 328 sièges, la majorité absolue à l'Assemblée nationale. Le chômage demeure un constant souci pour le gouvernement. En mars 2013, le nombre de chômeurs de catégorie A (chômeurs sans aucune activité) est en hausse de 12 % par rapport à l'année 2012.

Le 7 janvier 2015, une attaque terroriste islamiste a lieu au siège de *Charlie Hebdo* à Paris vers 11 h 30. 13 personnes sont assassinées, dont Cabu, Charb, Honoré, Tignous, Wolinski.

Le 13 novembre, une série d'attaques-suicides et de fusillades (au Stade de France de Saint-Denis, et dans la salle de spectacle Le Bataclan) revendiquées par l'organisation terroriste État islamique provoque la mort de 130 personnes. 413 blessés sont hospitalisés. Le 14 novembre, l'état d'urgence est décrété par le chef du gouvernement.

Le 12 octobre 2016, sous la plume de deux journalistes, paraît le fruit d'une soixantaine d'interviews que leur a accordées le président Hollande : « Un Président ne devrait pas dire ça... » On y découvre des propos qui surprennent, étonnent, gênent parfois, sur ses ministres, sur les magistrats, l'immigration... C'est une sorte de déflagration politique. Le 1er décembre 2016, il renonce à se présenter à l'élection présidentielle de 2017.

7 mai 2017 — 17 novembre 2018

La population confinée !

7 mai 2017, Emmanuel Macron, né en 1977, est élu président de la République à 39 ans, avec 66,1 % des suffrages exprimés, contre 33,9 pour Marine Le Pen. Premières rencontres : celle de Donald Trump le 25 mai, à Bruxelles, puis celle de Vladimir Poutine à Versailles, en juin. Le 18 juin, à l'issue des élections législatives, le parti du Président, La République en marche, emporte 308 sièges sur 577. Le 17 novembre 2018, face au malaise ressenti dans la société où les écarts se creusent, des centaines de milliers de manifestants qui ont revêtu le gilet jaune de la sécurité routière défilent en France pour exprimer leur mécontentement.

Le 15 avril 2019, la cathédrale Notre-Dame-de-Paris, commencée en 1163, terminée en 1345, subit un terrible incendie qui détruit sa charpente d'origine, sa flèche. Tout l'édifice remis en état rouvre ses portes en 2024.

Le mouvement des gilets jaunes, reconduit de façon irrégulière depuis 2018, est interrompu par l'arrivée du covid-19 en 2020. Trois confinements sont décidés afin d'enrayer la progression du virus, associés à une vaste campagne de vaccination.

Le 24 avril 2022, Emmanuel Macron est reconduit dans ses fonctions de président de la République face à Marine Le Pen (58,5 % contre 41,4 %). Prévue durant le premier quinquennat, la réforme des retraites, pilotée par Madame Elisabeth Borne, Première ministre, est promulguée le 14 avril 2023, après de nombreuses manifestations. L'âge de départ légal sera progressivement porté à 64 ans pour 172 trimestres de cotisations.

Crédits photographiques

p 8 © Musée Crozatier. Wikimedia ; p 10 © Wikimedia ; p 12 © Galerie des Batailles du château de Versailles. Wikimedia ; p 14 © Galerie des Batailles du château de Versailles. Wikimedia ; p 16 © Grandes Chroniques de France, BNF. Wikimedia ; p 18 © Chroniques des rois de France. Wikimedia ; p 20 © Château de Versailles. Wikimedia ; p 22 © Wikimedia ; p 24 © Centre Guillaume-le-Conquérant. Wikimedia ; p 26 © Wikimedia ; p 28 © Universal History Archive-UIG. Bridgeman Images ; p 30 © Wikimedia ; p 32 © Wikimedia ; p 34 © BNF. Wikimedia ; p 36 © Wikimedia ; p 38 © Wikimedia ; p 40 © Grandes Chroniques de France, BNF. Wikimedia ; p 42 © Chronique de Saint Alban. Wikimedia ; p 44 © BNF. Wikimedia ; p 46 © Wikimedia ; p 48 © Wikimedia ; p 50 © BNF. Wikimedia ; p 52 © Wikimedia ; p 54 © Wikimedia ; p 56 © Archives Nationales. Wikimedia ; p 58 © Wikimedia ; p 60 © Musée d'art Roger Quillot de Clermont Ferrand. Wikimedia ; p 62 © Musée des Beaux-Arts de Blois. Wikimedia ; p 64 © Wikimedia ; p 66 © Wikimedia ; p 68 © Musée d'Orbigny Bernon, La Rochelle. Wikimedia ; p 70 © Wikimedia ; p 72 © Wikimedia ; p 74 © The Holbarn Archive. Bridgeman Images ; p 76 © Wikimedia ; p 78 © Musée du Louvre. Wikimedia ; p 80 © Wikimedia ; p 82 © Wikimedia ; p 84 © Wikimedia ; p 86 © Wikimedia ; p 88 © Château de Versailles. Wikimedia ; p 90 © Musée Carnavalet. Wikimedia ; p 92 © BNF. Wikimedia ; p 94 © Wikimedia ; p 96 © Wikimedia ; p 98 © Musée de la Révolution française. Wikimedia ; p 100 © Tarker. Bridgeman Images ; p 102 © Wikimedia ; p 104 © Musée du Louvre. Wikimedia ; p 106 © Musée de la Révolution française. Wikimedia ; p 108 © Wikimedia ; p 110 © Musée d'Art et d'Histoire de Cholet. Wikimedia ; p 112 © Wikimedia ; p 114 © Wikimedia ; p 116 © DR ; p 118 © Wikimedia ; p 120 © Château de Versailles. Wikimedia ; p 122 © Musée du château de Malmaison. Wikimedia ; p 124 © Musée du Louvre. Wikimedia ; p 126 © Wikimedia ; p 128 © Musée du Louvre. Wikimedia ; p 130 © Wikimedia ; p 132 © Musée national de Poznan. Wikimedia ; p 134 © Victoria and Albert museum. Wikimedia ; p 136 © API-Gamma-Rapho via Getty Images ; p 138 © Musée Carnavalet. Wikimedia ; p 140 © Château de Versailles. Wikimedia ; p 142 © U.S. National Archive ; p 144 © Petit Palais. Wikimedia ; p 146 © Wikimedia ; p 148 © Wikimedia ; p 150 © Museo Napoleonico di Roma. Wikimedia ; p 152 © Wikimedia ; p 154 © Agence Meurisse. Wikimedia ; p 156 © Wikimedia ; p 158 © Wikimedia ; p 160 © Wikimedia ; p 162 © Wikimedia ; p 164 © Agefotostock. Alamy Stock Photo ; p 166 © Wikimedia ; p 168 © Ernest Brooks, Imperial War Museum. Wikimedia ; p 170 © Wikimedia ; p 172 © Wikimedia ; p 174 © Wikimedia ; p 176 © Wikimedia ; p 178 © Wikimedia ; p 180 © Bridgeman Images ; p 182 © Robert F. Sargent-National archives and records administration Washington. Wikimedia ; p 184 © AGIP. Bridgeman Images ; p 186 © Wikimedia ; p 188 © AFP ; p 190 © AGIP. Bridgeman Images ; p 192 © Wikimedia ; p 194 © Bettmann. Getty Images ; p 196 © Wikimedia ; p 198 © Jean-Paul Paireault. Bridgeman Images ; p 200 © Imago. Bridgeman Images ; p 202 © Wikimedia ; p 204 © PIXL ; p 206 © ONLY FRANCE. Alamy Stock Photo